Elisabeth Glücks

WEITE UND ZUVERSICHT

Leben leben im Bewusstsein
der Vergänglichkeit

Inspiriert durch essentielle Aspekte aus der Begleitung Sterbender

---

Bibliografische Information der Deutschen Nationalbibliothek:
Die Deutsche Nationalbibliothek verzeichnet diese Publikation in der Deutschen Nationalbibliografie; detaillierte bibliografische Daten sind im Internet über http://dnb.dnb.de abrufbar.

Herstellung und Verlag: BoD – Books on Demand, Norderstedt

ISBN: 978-3-751996624

Inhaltsverzeichnis

Weite – Zuversicht
Im Frühnebelsonnenlicht
Still innehaltend

Ich bin Leben,
das leben will
inmitten von Leben,
das leben will
Albert Schweitzer

Einführung

Lesendes Schauen – Betrachtendes Verweilen – zu Weite und Zuversicht finden - dieses Buch möchte Sie über das Lesen der Texte einladen nach innen zu schauen und über das Betrachten der Bilder und Gedichte im Sinnlichen zu verweilen.

Meine Motivation ist es, im Sinne der obigen Aussage von Albert Schweitzer einen Blick auf das Leben zu werfen und gleichzeitig die Vergänglichkeit wie sein durchwebendes Muster zu erfahren. Es ist ein Buch für Wandel und Wachstum im Leben auf der Basis der Auseinandersetzung mit Vergänglichkeit.

Hintergrund sind meine jahrzehntelangen beruflichen wie ehrenamtlichen Erfahrungen in der Begleitung sterbender Erwachsener und Kinder und aus Befähigungs- und Ermutigungskursen für Ehrenamtliche in dieser Begleitarbeit. Sie gaben mir eine neue eigene Ausrichtung für mein Leben, indem ich mich intensiv mit dem Thema Sterben, Tod und Trauer auseinandergesetzt habe. Diese Zeit lehrte mich viel über das Leben und der innenwohnenden Vergänglichkeit. Sie führte mich hin zu persönlichem Wachstum und einem **WESENtlichen** im Leben.

Das Eintauchen in dieses Thema war ein Prozess des Lernens, v.a. in der Begegnung mit den konkreten Menschen. „Nur" in zweiter Linie war es die Aneignung von fachlichem Wissen bzw. ein Lesen der vielfältigen Literatur zum Thema. Letzteres ist hilfreich, ohne Zweifel. Aber durch die leibhaftigen - psychischen und physischen - Erfahrungen habe ich geistig-seelische Räume betreten, die mich die innere Weite und Zuversicht haben entdecken lassen, aus der sich meine Haltung zum Leben neu geformt hat.

Diese Entwicklung - v.a. in meinem Bewusstsein – hatte wiederum viel mit der Entdeckung von Erfahrungsräumen jenseits des rationalen Denkens zu tun, eines bewussten Verzichts auf die Fragen nach dem Warum und „wie geht es am besten weiter". Es war – und ist – ein Zulassen von Vertrauen und ein Sich-Anvertrauen an ein Nichtwissen darüber, was im nächsten Moment geschieht. Zuversicht und Weite stellten sich sozusagen als Folge dessen ein.

Nun könnte der aktuelle Zusammenhang mit diesem Thema gerade nicht präsenter sein.

In diesen Monaten – Frühjahr/Sommer 2020, in der ich gerade diese Texte zusammenfüge, bildet sich im Außen durch das Virus Covid-19 ein Prozess mit bisher unbekannten Herausforderungen ab, der uns die Chance zu einem individuellen wie kollektiven Bewusstseinswandel eröffnet. Näher als jede Finanzkrise und Klimakrise es bisher vermocht haben, sind die wesentlichen Fragen des Lebens vor uns hingestellt: wie will ich, wie wollen wir in Zukunft leben, in Gemeinschaft, vor Ort, als verschiedene Kulturen, als Menschheit, mit der Erde.

In dieser besonderen Situation werden wir mit dem Sterben konfrontiert: als reale physische Bedrohung und als ideelle Auseinandersetzung mit unseren Werten, unserem Menschen- und Weltbild, unserem Verhältnis zur Erde/Natur. Hier kann/muss/wird uns auch ein Abschiedsprozess mit allen Schmerzen und Trauer ergreifen. Das Thema Vergänglichkeit wird auf eine Art und Weise vor uns hingestellt – weltumspannend, die uns unsere allseitige Verbundenheit aufzeigt: mit allen Lebewesen, mit der Natur, mit der Erde. Sie gibt uns die Chance, aus der Sichtweise des Getrennt-Seins auszusteigen, die darauf fußt, uns für voneinander isolierte, sogenannte eigenständige und autonome Individuen in einem uns gegenüberstehenden Kosmos zu halten. Die Covid19-Erkrankung zeigt uns, dass wir alle in einem Boot sitzen, jede/r kann erkranken. Wir erleben unser Aufeinander-Angewiesen-Sein ebenso wie unsere Aufgabe, Verantwortung über uns hinaus zu übernehmen.

So zeigt uns diese Virus-Krise, näher als die Klima-Krise, einen Weg sich neu miteinander zu verbinden. Wir sind auf einer tieferen Ebene gefragt Vertrauen zu können und mit Nichtwissen umzugehen. Wahrscheinlich in einer Form, wie wir es bisher so nicht präsentiert bekommen haben. Es ist eine spannende, herausfordernde Zeit, wo alles das, was hier zusammengetragen ist, eine Unterstützung sein kann und dem Erkennen und auch der Neuausrichtung dienen kann. JA, die Vergänglichkeit ist unser aller gemeinsamer Grund, auf dem sich das Leben vollzieht. In der Vergänglichkeit sind wir alle gleich und verbunden.

So gewinnen die folgenden Texte eine zusätzlich Aktualität.

Mein Anliegen mit diesen Texten war ursprünglich – wie bereits gesagt - Menschen in der Begleitung Sterbender Unterstützung zu geben. Sie beschreiben, was Menschen brauchen, wenn das Leben im Angesicht des Todes fordert, sich auf das WESENtliche zu fokussieren. Diese Frage nach dem WESENtlichen – so denke ich - ist gerade in unserer heutigen hyperindividualisierten, komplexen, reiz- und informationsüberfluteten Kultur ein notwendiger Schritt der Bewusstwerdung, um das innere Gleichgewicht und das Vertrauen in die eigene Selbstwirksamkeit zu erhalten.

Zum Leseverständnis

Die hier zusammengestellten Texte (Kap. 1-4) sind in den letzten 10 Jahren im Rahmen meiner beruflichen Tätigkeit als Seminarleiterin zum Thema Sterben, Tod und Trauer entstanden[1].

Ausgangspunkt bildet eine Betrachtung des Lebens als Wandlungsprozess (Kap.1). Dann greife ich in Kap. 2 grundlegende Haltungen und Sichtweisen auf, die ein Sein in der Welt in Weite und Zuversicht befördern. Die essentiellen Aspekte aus der Begleitung Sterbender (Kap. 3) und das Thema Trauer (Kap. 4) sollen dazu eine

---

[1] Die Herausforderung, mich diesem Thema zu stellen, wurde allerdings bereits 1985 an mich herangetragen und ich durchlief verschiedene Stadien an Intensität und Aktualität im gesellschaftlichen Kontext: zunächst die Auseinandersetzung mit einem drohenden Atomkrieg/Stationierung von Pershing Raketen in Deutschland als Schutz vor einem Angriff aus „dem Osten", dann die Konfrontation mit Aids als neuer „todbringender Seuche" und schließlich in den 90iger Jahren der Beginn der Hospizbewegung in Deutschland und der Ausbildung von Ehrenamtlichen sowie ab 2005 die Entwicklung der Kinder- und Jugendhospizarbeit mit seinen eigenen Herausforderungen.

Form/einen Weg aufzeigen, den Grund für die Lebenshaltung der Weite und Zuversicht zu bereiten.

Dass es inzwischen auch darum geht, unser gewohntes Denken in Frage zu stellen angesichts unserer aktuellen, weltumspannenden Situation, greife ich in Kap. 5 mit dem Begriff des Übergänglichen Denkens auf. Denn Weite und Zuversicht brauchen ein Äquivalent in unserem Denken, das sich für andere Dimensionen des Daseins jenseits des Rational-Mentalen öffnet und zu neuen Formen findet bzw. bisher „minderbewertete Formen" neu sehen lernt.

Der Anspruch mit dieser Zusammenstellung soll kein ineinandergreifendes aufeinander aufbauendes Gedankenkonzept darstellen. Als Ganzes sollen diese Texte meinen Prozess der Erkenntnisgewinnung und des Wachsens in ein anderes In-der-Welt-Sein wiederspiegeln.
Insofern werden sich Gedankengänge in den Texten manchmal wiederholen. Bitte betrachten Sie als Lesende dies als Erinnerungsunterstützung.
Jeder Text steht auch für sich „alleine" und kann entsprechend „für sich" gelesen werden.
Manchen Texten ist eine kurze Einordnung vorangestellt, in dem der Sinnzusammenhang mit dem Leben als Ganzes hergestellt wird.

Petershagen, Okt. 2020

Ich lebe mein Leben in wachsenden Ringen,
die sich über die Dinge ziehn.
Ich werde den letzten vielleicht nicht vollbringen,
aber versuchen will ich ihn.

Ich kreise um Gott, um den uralten Turm,
und ich kreise Jahrtausende lang
und ich weiß noch nicht: bin ich ein Falke, ein Sturm
oder ein großer Gesang.

Rainer Maria Rilke, 20.9.1899, Berlin-Schmargendorf

1. Leben ist Wandel – Leben ist Vergänglichkeit

Gedankenassoziationen zum Umgang mit Sterben und Tod

Einordnung

Die folgenden Gedanken dienten der Einstimmung in das Thema zu Beginn eines Befähigungskurses für ehrenamtliche Mitarbeit in der Sterbebegleitung. Sie sollten zum einen den Blick auf das Leben als Ganzes öffnen, auf den Prozess von Geburt – Wachsen/Entwickeln/Reife – Sterben und Tod. Zum anderen sollten sie der angstbesetzten Fixierung begegnen, die das „unausweichliche Ende" und die Konfrontation mit Vergänglichkeit in den meisten Menschen hervorruft.

Dieser andere Blick auf das Leben – seine Einbettung in einen natürlichen Kreislauf von Kommen – Dasein – Vergehen – kann etwas Tröstliches im eigenen Empfinden aufscheinen lassen und den Mut stärken, sich auf die Vergänglichkeit des Daseins einzulassen.

Leben ist Wandel
fortwährende Entwicklung,
im Inneren wie im Äußeren,
dauerhafte Chance zu wachsen, sich zu ändern.
Leben ist Bewegung und Begegnung.

Leben ist Lebendigkeit sich einlassen, sich loslassen...

Leben ist eine ständige Begegnung mit dem Wechsel von Gestern - Heute - Morgen, mit einem Zeitgefühl von Vergangenheit, Gegenwart und Zukunft.

Leben ist die ständige Begegnung mit dem Wechsel von Rhythmen, von Kommen und Gehen und Wiederkehren: Tageszeiten, Jahreszeiten, Sonne-Mond,...

Leben bzw. das, was wir als solches definiert haben, beginnt mit der Geburt und wechselt über verschiedene Lebensphasen hin zum Sterben und Tod.

Leben als Gattungswesen Mensch braucht Begegnungen mit anderen als Existenzgrundlage, ohne die keine menschliche Entwicklung möglich wäre. Auch hier ein Wechselspiel von engen und nahen Beziehungen sowie von flüchtigen Bekanntschaften.

Leben in allen seinen Bezügen lebt von der Veränderung, von dem Neubeginn, vom Wachsen, vom Altern und schließlich vom Absterben. Veränderung bedeutet Abschied und Trennung und Übergang in eine neue Phase, Schmerz um Verlust und Aufbruch in vorher ungeahnte Möglichkeiten.

Überall begegnen wir dem Wechsel, um Wachstum und Entwicklung zu garantieren.

Leben ist Bewegung, mal in festen Formen, mal in gasförmigen Formen. Leben ist Energie, deren Ausmaß und Dimension sich zu zeigen wir noch nicht gänzlich mit unseren derzeitigen Wahrnehmungsfähigkeiten und unserem momentanen Geistesdenken erfassen können.

Wir erleben uns in diesem Prozess in unterschiedlichen „Rollen" mit unterschiedlichen Einflussmöglichkeiten:

- In der Rolle von Subjekten: unser Leben gestaltend, Einstellungen, Haltungen, Handlungsfähigkeiten entwickelnd, aus einem eigenen Willen und Wollen handelnd, ein autonomes Ich sein
- in der Rolle von Objekten: unseren Einflussmöglichkeiten sind enge Grenzen gesetzt bis hin zu keinerlei Einflussmöglichkeiten, weil wir u.a. umfassenderen Existenzgesetzen unterworfen sind: Geburt, Leben, Sterben oder Jahreszeiten oder Mond-Zyklen
- in der Rolle von aktiven Objekten, die sich einpassen müssen in die „Gesetze" des maschinellen und digitalen Zeitalters, sich in ihnen aber auch als handlungs- und einflussfähig erleben.

Eingebunden in diese „Rollen", die wir uns als Menschen im Zeitalter der Moderne selbst zugewiesen haben, empfinden wir uns als mehr oder weniger sinnstiftend (wieder).

Unsere kulturbedingte Haltung bedingt allerdings eine gravierende Schwierigkeit, wenn wir uns bewusst werden

Teil eines größeren Ganzen zu sein und darin unseren Platz und unsere Einflussmöglichkeiten zu finden. Hier macht sich Widerstand, Ablehnung bis hin zur Leugnung breit.

Wir als Krone der Schöpfung können es nicht ertragen, nicht HERRscher über das Leben an sich zu sein und wir kämpfen gegen das, was ist, statt uns einzulassen und im Darin-Leben Ruhe und Aufgehobenheit zu finden.
Unsere Lebenshaltungen sind so stark von den Denkweisen westlicher Kulturen geprägt, dass wir unser Bewusstsein, Teil eines Ganzen zu sein, übergeordneten Kreisläufen unterworfen zu sein, nur schwer als lebensbestimmend wahrnehmen können.
Wir sind seit der Aufklärung mit einer Denkweise verwachsen, die sich v.a. charakterisiert durch folgende drei Prinzipien:

- Androzentrismus - der Mensch steht im Mittelpunkt des Lebens - eine ähnliche Fehldeutung wie die Annahme unserer Vorfahren, dass sich die Sonne um die Erde dreht
- Hierarchie und Bewertungsordnungen von Besser/Schlechter, Erste/Letzte, Höher-/ Minderwertige
- Dualismus: wir denken in Entweder-Oder-Kategorien, in Wenn-Dann-Beziehungen, kategorisieren in Widersprüche statt Ergänzungen und legen alles auf einer linearen Skala mit sich ausschließenden Polen fest. (Gesundheit - Krankheit, Mann - Frau, weiß -schwarz, Leben beginnt mit der Geburt und endet mit dem Tod, vorher und nachher ist nicht im Blickfeld).

Hieraus resultieren Strukturen wie Individuen, die Abgrenzung, Intoleranz, Egoismus zur Ausbildung und zur Stabilisierung einer Ich-Identität brauchen.[2] Anders ausgedrückt: Unsere westliche Kultur hat sich in einer Sichtweise des Getrennt-Seins „verirrt". Wir machen uns ein Konzept von Leben, eine NORMalität. Wir bewegen uns oftmals durch das Leben als wäre es ein Event: Das Leben gilt als das Ereignis von Bedeutung, was uns ausmacht. Es soll Erlebnis, Besonderheiten, Außergewöhnliches bringen.

Manche Sterbende hadern mit dem Tod, weil sie meinen, doch noch gar nicht richtig gelebt zu haben oder genug vom Leben bekommen zu haben. Manche hadern mit dem Leben, dass es ihnen nicht genug Gutes bringt, dass sie auf der Schattenseite des Lebens stehen usw. Als sei das Leben ein Geschäft, wo jeder Mensch etwas einkaufen oder sich aussuchen oder sich nach Bedarf aneignen kann. Als sei das Leben einem etwas schuldig.

Das Leben ist nicht(s) außerhalb von uns.

Das Leben spielt sich nicht getrennt von uns ab und schon gar nicht wird irgendetwas nach Gutdünken von irgendwoher verteilt wie gute Lebenschancen, schlechte Erfahrungen, zu kurze Lebensdauer, ungerechte Krankheiten, usw.

---

[2] Der Soziologe Hartmut Rosa beschreibt in seinen Büchern diese Haltung und Denkweise als Verfügbarmachen von Welt/Leben. Die Illusion, sich das Leben bzw. die Welt verfügbar zu machen, bewirkt aus seiner Sicht, dass uns beides wie ein Aggressionsobjekt gegenübertritt und wir dem begegnen müssen durch Planung und Kontrolle und Verdinglichung. Hartmut Rosa, Resonanz, SuhrkampTB, 3. Auflage 2019, sowie Unverfügbarkeit, Residenz Verlag 2018. Auf you tube sind auch gute Vorträge von ihm anzuhören

WIR leben! Das Leben ist jede und jeder von uns, für sich und in seinen Beziehungen zu anderen.

Leben ist also beständiger Wandel und Veränderung und Leben ist Vergänglichkeit. Was verbindet diese drei?

Unter dem Wandel und der Veränderung liegt das Vergängliche, im Tod findet es seinen letzten Ausdruck. Wandel und Veränderung haben mit Abschied nehmen, loslassen und sich trennen zu tun. Damit Neues entstehen kann, muss manches Liebgewonnene/Gewohnte aufgegeben werden. Wir kennen diese Situation alle. Wir kennen das Älter-Werden, spüren es im Körper, beobachten seine Veränderungen an der Haut/am Aussehen, an seiner Leistungsfähigkeit... an seiner Geformtheit... und v.a. wissen wir, dass sich etwas ändert.

Was den Tod von allen diesen Wandlungsprozessen unterscheidet, ist die endgültige Auflösung der Form: das Bewusstsein/unser „Ich"/unsere Lebenskraft/unsere Seele - der Ausdrücke sind viele - zieht sich aus dem Körper zurück und dieser verfällt in seinen „natürlichen" Prozess der Auflösung.

Durch die Geburt kommen wir sozusagen „in die Form"/wir sind In-Form-ation, bauen diese zu unserer „Person" auf. Wandlungs- und Veränderungsprozesse ändern an dieser Form nicht grundlegend etwas, die Geformtheiten spiegeln die Entwicklung wieder. Wir bleiben diese Person, so wie ein Baum im Winter „ruht", ohne Blätter da steht, mal einen Ast verliert, seine ihm eingeborene Form z.B. der Aufrechten aber bleibt, um im nächsten Frühjahr wieder zu erblühen.

Im Sterben löst sich diese Form endgültig auf. Das ist ein unaufhaltsamer Prozess für jede/n, sein letztlicher Zeitpunkt ist ungewiss. Er wohnt dem Mensch-Sein inne und verbindet uns damit auch in diesem Gemeinsamen. Vergänglichkeit macht es so möglich, Verbundenheit zu sehen: wir gehen alle denselben Weg.

So führt uns die Auseinandersetzung mit Sterben und Tod zu den tiefsten Grundbedingungen von Leben, in denen wir alle gleich sind.

Aus der Ungewissheit des Endpunktes lässt sich eine weitere wichtige Erkenntnis ableiten:

Leben heißt JETZT sein, da sein in der Gegenwart, jetzt spielt sich das Leben ab. Gestern ist Erinnerung in Gedanken, Morgen ist Vision in Gedanken, beides besitzt nur über die Gedankenform so etwas wie Gegenwärtigkeit. Vergangenheitsbewältigung, Visionssuche sind Akte in der Gegenwart und damit auch immer Leben im JETZT, von diesem Standpunkt aus, in diesem Moment.

Bei den meisten von uns ist jedoch Realität, dass die Gegenwart überladen ist von den Emotionen und Urteilen der Vergangenheit und Zukunft. Wir sind befasst zu planen, Konzepte zu erdenken, uns Rollen anzueignen, wie wir sein und wirken wollen, zielstrebig zu sein, möglichst perfekt. Ein denkender und kontrollierender Geist hat die Überhand und konzeptioniert Leben.

Was über diese Art zu leben produziert wird, ist ein Mangelgefühl und die Unfähigkeit, im Jetzt da zu sein, unbelastet vom Gestern und Morgen wahrzunehmen und anzunehmen, was einem begegnet. Aus diesem Mangel speisen sich Gefühle wie Angst, Ohnmacht, Leugnung, die aus Vergangenheitsbezogenheit entstehen, oder dem Mangel wird begegnet mit dem Gefühl der Hoffnung, die zukunftsbezogen ausgerichtet ist.

Demgegenüber gibt es das Gefühl der Zuversicht als Haltung der Gegenwart - einer Haltung, die annimmt, was mir im Leben begegnet - und als Ergebnis daraus, aus Verantwortung für das Leben zu schaffen und zu gestalten. Zuversicht bietet so die Chance, dem Mangel entgegenzuwirken.

Zuversicht allerdings braucht als Basis Vertrauen, ein Vertrauen, dass ich es wert bin zu leben, dass es Sinn macht zu leben.[3]

Leben ist Lebendigkeit im Jetzt.

Nun ist es damit gerade im Westen nicht sehr weit her. Aufgrund von Leistungs- und Fortschrittswahn und beeinflusst von religiösen Dogmen wie der Schuldhaftigkeit/der Erbsünde des Menschen leiden gerade wir darunter unvollkommen, fehlerhaft zu sein, zweifeln an unserer Daseinsberechtigung und meinen, ständig etwas leisten und beweisen zu müssen. Viele machen darüber hinaus die Erfahrung ungewollt von den eigenen Eltern zu sein oder deren nicht gelebte Lebensträume umsetzen zu sollen.
So sind uns Fragen fremd bzw. mit Angst besetzt wie: Werde ich geliebt, bin ich geliebt worden, um meiner selbst willen, bin ich gestützt worden, meinen Weg zu finden und mich für wertvoll zu halten?
Wir scheuen die Verbindung zu dem, was sie anrühren.

---

[3] S. hierzu v.a. Kap. 2.2.

Mangel an Wertschätzung, Mangel an Achtung, aber untergräbt Vertrauen und Zuversicht als innere Qualitäten.

So suchen wir im Außen nach Bestätigung, „kaufen" Anerkennung und Wert über Statussymbole, suchen hierin Sicherheit und Halt und halten diese NORMaltiät für das einzig Wahre, das Leben an sich!

Kehren wir zum Anfang zurück:
Leben heißt loslassen und weitergehen - eine ständige Begegnung mit dem Wechsel, dem Wandel, der Vergänglichkeit auf allen Ebenen unseres Seins in der Welt. Einlassen, Annehmen, Loslassen, Neu finden - das ist gelebte REALität.

In dem Widerstreit von REALität und NORMalität verlieren wir viel Energie und Kraft und v.a. den Bezug zu uns selbst: sich selbst wahrzunehmen und zu erkennen, heißt Veränderung zu spüren und darum aus der eigenen Erfahrung heraus zu wissen. Sich so zu sehen, macht den Weg frei, sich selbst mehr anzunehmen, was wiederum Entlastung und Sicherheit gibt. „Es gibt keinen Weg, nur gehen"[4] beschreibt das Leben als eine Reise bzw. als einen Prozess.

Beim genaueren Hinsehen scheinen allerdings nicht alle Menschen hiervon gleichermaßen betroffen zu sein.
In den alten traditionellen Kulturen des Ostens wie auch in den Gesellschaften der indigenen Völker gibt es interessante Denkanstöße als „Gegenmittel" zu unserer Mangelsituation. Ihre Weltbilder zeigen eine andere Beziehung und einen anderen Umgang mit der Vergänglichkeit.

---

[4] Buch von J.E. Behrendt, 2007 – neue Ausgabe – s, auch Fußnote 16

In den alten Weisheitstraditionen oder den philosophischen Lehren z.B. des Buddhismus finden wir ethische Grundlagen für das Leben, basierend auf einem zyklischen statt linearen Denken, sind Rhythmen und Kreisläufe des Lebens wichtige Bestandteile der Lebensgestaltung. Wir finden v.a. als dem Menschen ureigenstes Wesen seine spirituelle An- und Einbindung in ein ihn übersteigendes Ganzes.

Die Gedanken dieser alten Traditionen berühren immer wieder folgende Aspekte und sind auch als Anregungen für die persönliche Reflexion interessant:

➤ Einen Sinn im Leben zu finden bzw. sich zu fragen: welchen Sinn will ich meinem Leben geben?

➤ In Kontakt mit anderen zu sein und mich in ihnen und mit ihnen als Gleiche unter Gleichen zu sehen bzw. sich zu fragen: Was verbindet mich mit anderen und eine Haltung zu üben, in der ich mich an die Stelle von anderen versetzen kann und so Verbundenheit herstelle anstelle von Getrennt-Sein und Fremdheit.

➤ Unerledigte Beziehungen im eigenen Leben zu heilen[5] bzw. sich zu fragen: Wo pflege ich schwierige Beziehungen zu anderen, was hindert mich zu verzeihen?

➤ Sich mit dem Prinzip der absichtslosen Liebe auseinander zu setzen bzw. sich zu fragen: liebe ich ge-

---

[5] Eine methodische Anleitung hierzu findet sich in Christine Longaker, Dem Tod begegnen und Hoffnung finden, 1997, S. 141ff

nug in meinem Leben und werde ich um meiner selbst willen geliebt?

Zum Abschluss ein Geleitspruch für den Weg, den ich hier andeuten wollte:

Achte gut auf diesen Tag,
denn er ist das Leben
das Gestern ist vergangen
das Morgen noch nicht geboren
im heute sei DA.

In die Tiefe schauen

und

sich ins Sein erheben

2. Sich neu ausrichten
– grundlegende Haltungen

Einordnung:

In unseren Seminaren[6] legten wir immer großen Wert darauf, die Teilnehmenden - vor allem notwendigen Informationswissen und Methoden-Knowhow zum Thema - zu einer Auseinandersetzung mit sich selbst zu motivieren. Fragen wie: welchen Bezug habe ich zum Thema, welche Werte, was würde ich als meine Haltung zum Thema bezeichnen standen dabei im Mittelpunkt. Hintergrund unserer Überlegungen war, dass sich mit dieser Auseinandersetzung ein Fundament in jedem/r erschließt, auf das in herausfordernden Situationen, die das Thema mit sich bringt, zurückgegriffen werden kann. Auf der Basis der eigenen Verbundenheit mit dem Thema sind so intuitive Reaktionen erfolgen, kann Gestaltungskraft als etwas Eigenes erfahren werden und unabhängig von „schnellen Rezepten" machen.

Leben zu betrachten als eine Aneinanderreihung von Ereignissen, deren optimaler Verlauf sich mittels ausreichendem und „richtigen" Wissens und Hilfsmittel kontrollieren, steuern und garantieren lässt, ist eine der irrigen Annahmen unserer westlichen Kultur. Leben als Prozess zu betrachten (s. Kap. 1) ist eine Neuausrichtung, Stabile Fundamente hierzu finden sich in dem folgenden Kapitel.

---

[6] Die Seminararbeit zum Thema Sterben, Tod und Trauer war in all den Jahren getragen von einem größeren Team. So gingen wir teilweise zu 10-15 Menschen einen gemeinsamen Weg des Eintauchens in gesellschaftliche Tabuzonen und das ungeliebte Aussprechen ihrer Inhalte.

2.1. Haltung
– was hält mich, wie halte ich stand...

Haltung – ein Wortspiel
In unserer Sprache kennen wir einige Begriffe, die auf verschiedenen Ebenen ausdrücken, wie wir uns „halten".
Einige Beispiele:
- Haltung bewahren
- standhaft sein
- standhalten
- „Nehmen Sie Haltung an" (aus dem Bundeswehr-jargon)
- ein aufrichtiger Mensch
- Halt geben
- zusammenhalten
- innehalten
- einen Halt finden
- Haltlosigkeit
- Fähnchen im Wind
- sich mühsam zusammenhalten oder aufrecht halten
- anhalten, aushalten, festhalten, aufhalten

Aus diesen Wortformen lässt sich Haltung verschiedenen Ebenen unseres in der Welt-Seins zuordnen:
- einer körperlich/äußeren Ebene
- einer geistig-seelischen/inneren Ebene
- einer resonanzfähigen/ zwischenmenschlichen Ebene

Haltung stellt sich so immer als Ausdruck von Beziehungs-fähigkeit dar: als Beziehung zum umgebenden Leben und dem eigenen Sein in der Welt. Ohne sie besitzt sie keinen Sinn.

Haltung – so bringen die Worte zum Ausdruck – bildet ein Spektrum ab, das sich bewegt zwischen: An-Halten, was einem „Einfrieren" von Zuständen gleichkommt und et-was Stoppendes assoziiert, und Bewegung, die sich aus-drückt in Haltungsänderungen, die durch Reflexion und „Inne-Halten" zustande kommen. Haltung kann gesehen werden als eine Entwicklungsaufgabe jedes Ich, jedes denkenden und empfindenden Menschen, was die Be-wusstwerdung seiner Selbst, Reflexions-, Entscheidungs-fähigkeit, Verantwortung sowie Freiheit gleichermaßen beinhaltet.

Ich möchte hierbei zwei Dimensionen unterscheiden: eine horizontale und eine vertikale, auf der die Entwicklung stattfindet.

Zunächst zu Fragen der Wahrnehmung und ihrer Be-schreibung: Woran halte ich mich (fest), was trägt mich...

Horizontal →
Was sind meine Glaubenssätze?
An welchen Theorien / Konzepten von Leben hän-ge ich?
Was bedeuten mir Regeln / Gesetze?
Welche Werte prägen mich?
Was bedeuten mir Freundschaften?
...Familie und Partnerschaften
...Heimat/Zuhause
...materielle Güter

Vertikal →
Was sind meine Wurzeln als Mensch?
Was bedeutet Leben für mich (Wandel + Wachsen)?
Wodurch wird mein Vertrauen ins Leben gespeist?
Wo bin ich tief in meinem Innern gegründet?

Daraus ergeben sich Fragen der Reflexion:
Woraus beziehe ich meinen Halt zu leben?
In welcher Dimension bewege ich mich vorrangig und was bedeutet dies für meine (Lebens-)Kraft?
In welche Haltung führen mich meine Vorstellungen und Verhaltensweisen?
Erkenne ich die „Gefahr", mich zu trennen?
Habe ich Kontakt zu einer tieferen Dimension in mir?

In dem hier intendierten Sinne und in Bezug auf das Thema Begleiten von Menschen in Krisen bzw. in Sterbeprozessen meint Haltung

in *der horizontalen Dimension*:
eine *Haltung der Verbundenheit* oder - anders ausgedrückt - eine Haltung der Vernetzung, von Weite und Offenheit und in Beziehung gehen; Verbundenheit meint Empathie-Fähigkeit, mit den Mitmenschen, Mitgefühl mit allem Lebenden, Anteilnahme und Unterstützung, i.S. eines Gegenübers von Ich + Du / die anderen[7].

---

[7] In afrikanischen Kulturen gibt es für diese Haltung ein schönes Wort: UBUNTU: Ich bin, weil du bist.

In der *vertikalen Dimension:*
eine *Haltung der Angebundenheit* oder - anders ausgedrückt - eine Haltung der Zuversicht und des Vertrauens.
Angebundenheit möchte ich hier beschreiben als bezogen
auf die Quelle des Seins, als unpersönliche Liebe zum Leben, Ja zum Wandel und Wachstum jedes Lebe-Wesens.
Diese Haltung geht davon aus, dass jedes Lebe-Wesen
einen eigenen Wesens-Kern besitzt, eine Daseinsberechtigung aus der Quelle der Schöpfung heraus, weil es da
ist. Leben ist Entwicklung in Vielfalt und Form, Materiali-
sierung von Schöpfungsenergie.
Ich nenne dies eine Haltung, die verbundenheits- und
vertrauensfokussiert ist.

Demgegenüber versuchen wir oftmals in einer Haltung zu
leben, die unliebsame Lebensthemen tabuisiert und verdrängt. Wir trennen uns damit von unausweichlichen Bedingungen und können somit den Erschütterungen, die
mit einer unausweichlichen Konfrontation einhergehen,
nicht begegnen. Wir fallen stattdessen allzu leicht in Verhaltensweisen von Erstarrung, Lähmung, Sprachlosigkeit,
Handlungsunfähigkeit u.v.m.
Diese Haltung nenne ich eine angst- und ohnmachtsfixier-
te.

Zusammengefasst: Eine auf Verbundenheit und Vertrau-
en fokussierte Haltung meint:
- eine Haltung im Innern, die sich aus Weite und Zuversicht speist
- eine Haltung im Außen als eine Kultur der Achtsamkeit

- eine Haltung in der Begegnung als eine Kultur des (offenen) Herzens[8]

Diese Haltung soll eine Orientierung schaffen, um sich selbst immer wieder auch hinterfragen zu können: wo stehe ich mit meinem Handeln, was motiviert mich dazu, wie will ich dem Unbekannten und dem Nicht-Vorhersehbaren begegnen?

Deshalb möchte ich es als eine (überlebens)wichtige Frage bezeichnen, auf die jede/r eine Antwort finden möge: Worin gründet sich meine Haltung, in der Welt zu wirken?

2.2. Weite und Zuversicht
– ein innerer Ankerpunkt

Einordnung
Die Begriffe Weite und Zuversicht umschreiben die innere Haltung, die für die Sterbebegleitung eine öffnende Funktion im Innern der Teilnehmenden bewirken soll.
Für unsere heutige Ausrichtung im Leben, das durch Klimakrise und aktuell durch einen weltumspannenden Virus mit dem umgangssprachlichen Namen Corona (Krönung) bestimmt ist, ist unsere Haltung zum Leben zur zentralen Überlebensfrage geworden. Insofern möchten die folgenden Gedanken eine möglichst „zuversichtliche" Ausrichtung im Leben anbieten.
Inzwischen hat auch der in den 90iger Jahren relativ wenig gebräuchliche Begriff der Zuversicht seit 2000 eine kleine Renaissance erlebt. Das finde ich sehr positiv und empfehle hier aktuell v.a. zwei Autor_innen zu diesem Thema:
Da ist zum einen die Philosophin Natalie Knapp, die Zuversicht als eine unserer Vitalfähigkeiten betrachtet: „Es gibt unterschiedliche psychi-

---

[8] Siehe hierzu v.a. die folgenden Kapitel 2.2., 2.3., 3.2. und 3.1.

sche Urkräfte, die uns so etwas wie Lebensenergie geben: die Liebe gehört dazu – und eben die Zuversicht." (Im Interview gemeinsam mit Ulrich Schnabel in Deutschlandfunk Kultur vom 22.12.2018). Nathalie Knapp beschäftigt sich mit Übergängen im Leben und Verwandlungsprozessen, die in der Botschaft verunsichernder Situationen gesehen werden können. Hier sei eines ihrer Bücher stellvertretend genannt: Der unendliche Augenblick – warum Zeiten der Verunsicherung so wertvoll sind, 2015.

Da ist zum anderen der Wissenschaftsredakteur der ZEIT, Ulrich Schnabel, der Zuversicht als innere Freiheit beschreibt. Sein Buch trägt den Titel: Zuversicht – wie wir in Krisenzeiten die innere Freiheit bewahren, 2018.

Zuversicht ist für viele Menschen (v.a. den jüngeren unter uns, d.h. den unter 50jährigen) ein wenig präsenter Begriff im Umgangssprachlichen. Er begegnete mir Ende der 90iger Jahre im Rahmen einer Pilotfortbildung in spiritueller Sterbebegleitung an der Universität Heidelberg. Christine Longaker, eine amerikanische Schülerin des tibetisch-buddhistischen Lehrers Soygal Rinpoche[9], hatte in 1997 ein ebenso beachtenswertes Buch geschrieben: „Dem Tod begegnen und Hoffnung finden - die emotionale und spirituelle Begleitung Sterbender". Sie bot hierauf aufbauend für Menschen im medizinischen wie hospizlichen Bereich in 2000 einen zweijährigen Kurs an.

Zuversicht stand in diesem Konzept gleichwertig neben den beiden Begriffen Präsenz und Authentizität. Die drei Begriffe bildeten - anders ausgedrückt - drei prinzipielle Qualitäten bzw. zu entwickelnde Eigenschaften ab, die in einer spirituellen Begleitung Sterbender von zentraler

---

[9] Sein Buch „Das tibetische Buch vom Leben und Sterben", 1997 war auf dem deutschen Büchermarkt inzwischen ein Bestseller geworden

Bedeutung sind. Ein kurzer *Exkurs* zu den Inhalten dieser drei Begriffe, wie er in der Fortbildung vermittelt wurde.

1. *Präsenz*

- *heißt: ich treffe die Entscheidung, jetzt an diesem Ort, bei dieser Person sein zu wollen und nirgendwo anders*
- *heißt: ich bin physisch und geistig anwesend*
- *bedeutet: ich stelle mich auf den Anderen ein und bin mit meiner ganzen Aufmerksamkeit da, d.h. was passiert vor mir gerade jetzt in diesem Augenblick*
- *fordert gleichzeitig die Bereitschaft, sich mit den eigenen Bedürfnissen zurückzustellen und nur mit einem Minimum an Verhalten zu reagieren*

2. *Authentizität*

- *heißt: ich befinde mich in Übereinstimmung mit mir selbst*
- *heißt: ich bin mit meiner eigenen Erfahrung des Verlustes ohne Angst verbunden*
- *ich verliere mich nicht in meinen Gedanken in die eigenen Geschichten, während ich mit dem Sterbenden kommuniziere*
- *verlangt vom Begleitenden einen Reflexionsprozess über die eigenen Verluste und schließt ein, sich selbst auf den eigenen Tod vorzubereiten, da unklar ist, wann und wie er kommen wird*
- *bedeutet: ich bin mir meiner eigenen Ängste und Bedürfnisse bewusst und entwickle darüber Verständnis für den Sterbenden*
- *fordert die Bereitschaft, sich auf Wunsch des Anderen mitzuteilen*
- *bedeutet Wahrhaftigkeit/Ehrlichkeit*

3. Zuversicht

- *Wenn ich meine Haltung auf der gerade beschriebenen Basis entwickelt habe, ängstigen mich meine Ängste weniger und ich entwickle mehr Klarheit über mich*
- *Wenn ich von meinen Ängsten „befreit" bin, kann dies auch mein Gegenüber „befreien".*
- *Ist nicht Optimismus i.s. des Positiven Denkens, sondern eine innere Haltung, dass die aktuelle Situation zu bewältigen ist, es Möglichkeiten der Linderung gibt, es Trost für innere Konflikte gibt....*
- *Ist Akzeptieren und Annehmen in dem Vertrauen, dass das, was geschieht, seinen Sinn hat und es eine Lösung gibt*
- *offen dem gegenüber zu sein, was geschieht.*
- *Das entlastet und stärkt die Person mir gegenüber, weil ich so eine andere Geisteshaltung ausstrahle.*

Für mich bilden diese drei Qualitäten ein Grundgerüst für die innere Haltung der Vertrauens- und Verbundenheits-Fokussierung ab. Präsenz und Authentizität sind in der Begleitung von Sterbenden inzwischen viel verwendete Begriffe, während Zuversicht eher ein Randdasein führt und für viele mit dem eigenen inneren Erleben nicht gut verknüpft werden kann. Deshalb möchte ich näher auf diesen Begriff eingehen und ihn v.a. um den Begriff der Weite ergänzen.

Zunächst einmal zu einer Begriffsbestimmung wie sie u.a. im Duden zu finden ist: Zuversicht ist festes Vertrauen auf eine positive Entwicklung in der Zukunft, auf die Erfüllung bestimmter Wünsche und Hoffnungen. Synonyme sind: Glaube (an das Gute), Heiterkeit, Hoffnung, Lebensbeja-

hung, Lebensmut, Optimismus, Vertrauen, Zutrauen, Zukunftsglaube, Gewissheit.
Der Begriff kommt etymologisch gesehen aus dem Althochdeutschen (10. Jhrdt.) und meinte dort: ehrfurchtsvolles Aufschauen.

In diesem und dem o.g. Sinne betrachte ich Weite und Zuversicht als Ausdruck einer inneren Gestimmtheit. D.h. Zuversicht beschreibt eine innere Haltung, wie ich dem Leben zugewandt bin. Es ist eng angebunden an ein JA zum Dasein als Mensch, ein JA zum Leben. Es wurzelt tief in uns und berührt unser Urvertrauen.
Weite meint die Offenheit vom Herzen aus in Beziehung zu gehen zu dem, was mir begegnet. Beides verlangt Mut i.S.v.: Bin ich bereit das Risiko einzugehen, „auf taube Ohren" zu stoßen, d.h. keine Resonanz zu bekommen, oder sogar verletzt und zurückgewiesen und nicht verstanden zu werden in meiner Zugewandtheit. Zuzuhören und antworten zu können, werden hier zu zentralen Herausforderungen sowohl im eigenen inneren Prozess als auch in der Begegnung mit dem Menschen mir gegenüber.

Weite und Zuversicht beinhalten auch, dass ich mich gleichzeitig in einen inneren Raum von Nichtwissen begebe. In Krisensituationen wie z.b. in der Sterbebegleitung verbindet sich dieser mit dem inneren Raum der Verunsicherung und dem Nichtwissen beim Gegenüber.
Weite und Zuversicht bieten dann die Chance, dass sich die Betreffenden in einem Gemeinsamen neu zusammenfinden.

Es kann aus einer Haltung der Weite und Zuversicht heraus ein neuer Raum entstehen, der einem Zustand der Schwebe gleicht: keine festgefügten Meinungen, kein Debattieren, kein Festhalten von Vergangenheiten, ein Offen-Sein für Impulse und Eingebungen. Anteilnehmen und Verbinden statt Ratschläge erteilen, für das Gegenüber zu denken/sorgen usw.[10]

Weite und Zuversicht befähigen auch, sich dem, was ist, egal wie herausfordernd es auch sein mag, in einer inneren Klarheit zu stellen, die wissen wird, was zu tun ist. Durch das ihnen zugrundeliegende Vertrauen in das Leben an sich entwickelt sich die Gewissheit, dass die notwendigen Kräfte zum Annehmen wie „Leben" mit der Krise sich zeigen werden, einem jeden zuwachsen.[11]
Diese Gewissheit meint ein inneres ahnendes Wissen, dass das Leben mehr ist, als ich als einzelner Mensch erfassen kann, und dass es Kräfte und Mächte gibt, die über mich hinausweisen, hinauswirken und gestalten. Es göttliche Fügung, Gottes Willen, Schicksalsmächte zu nennen, ist das Eine; ich kann es auch ein Prinzip von Leben nennen, ein dem Leben innewohnendes Gesetz, dass alles einem beständigen Wandel unterliegt und das Entwicklung immer stattfindet (s. unter Pkt.1). Wir wissen immer noch wenig, was den Kosmos/das Universum zusammenhält und wie viele „unsichtbaren" Energien hier am Werke sind.

---

[10] s. den gedichtartigen Text Begleiten im Kapitel 2.3. als „Handlungsanleitung"
[11] Bestätigt fühle ich mich in diesen Gedanken durch lebensgeschichtliche Beschreibungen im Buch von Ulrich Schnabel (s.o.)

Nicht das auf ein Ende hin orientierte „Alles wird gut"-Denken oder das gebetsmühlenartige „Denke positiv" führt in diese Haltung sondern das Mitschwingen in der Offenheit und dem Vertrauen, dass sich der Sinn des Geschehens und der nächste Schritt entfalten werden. Dieser nächste Schritt meint im konkreten wirklich nur den nächsten Schritt zu tun: das, was gerade zu tun ist und was in „meiner Macht liegt", in meinem Einfluss- und Wirkungsbereich. Ich gebe die eigene Gestaltungskraft und Selbstwirksamkeit nicht ab. Ich stelle sie in einen intuitiven, assoziierenden Zusammenhang über mein Mentales hinaus.

Weite und Zuversicht – zusammengefasst – meinen ein Sich-zur-Verfügung stellen: für Intuition, Inspiration, für einen Herzensgeist. Es bezieht seine Kraft aus der Verbundenheit, aus der Empfindung um Angeschlossen-Sein. Es geht einher mit der Fähigkeit sich berühren zu lassen. Es ist ein bewusstes Sich-in-die-Welt-stellen als Teil der Welt und nicht als ein Gegenüber zur Welt.

2.3. Da-Sein in Verbundenheit
– Begleiten als Akt der Würdigung

Menschen zu begleiten und füreinander da zu sein – Menschen nahe zu sein – Anteil nehmen am Leben anderer – sich zu unterstützen – all dies prägt eigentlich jede enge Beziehung, ob in Familie, zu besten Freund_innen oder in der Ausrichtung gemeinsamer Ziele/in Gemeinschaften. Nach dieser Form von Zusammensein verlangt eine innere Sehnsucht in uns. Wir sind neben aller Individualität, die entwicklungsgeschichtlich in der Menschheit relativ jung ist, soziale Wesen. Gleichzeitig plagt sich insbesondere unsere westliche Kultur mit Schwierigkeiten, die daraus erwachsen, wenn wir Nähe leben wollen. Erwartungen, die wir aneinander stellen, werden oftmals enttäuscht, sprachlich entstehen viele Missverständnisse und Verletzungen, gemeinsame Werte halten dem konkreten Zusammensein oftmals nicht stand, usw. Verbundenheit lebt sich nicht so leicht, sagte mal eine Teilnehmende nüchtern und doch gleichzeitig sehr traurig. Wie kommt dies zustande trotz der Sehnsucht und dem Bemühen in uns allen?

Ich möchte hier einige tieferliegende Aspekte jenseits der guten Absichten und einer adäquaten Kommunikation ansprechen.

Verbundenheit zu leben und zu erleben bedarf einer Kultur der Achtsamkeit und verlangt eine innere Ausrichtung auf

- Präsenz – Gegenwärtig sein/Da sein
- Authentizität – Wahrhaftigkeit
- Zuversicht – Vertrauen in Nichtwissen und Gehalten-Sein im Leben

mit entsprechenden Verhaltensweisen.
Noch einmal kurz die prägnantesten Aspekte dazu[12]:

Präsenz ist eng verbunden mit einer Aufmerksamkeit/Achtsamkeit für das, was jetzt gerade stattfindet. Der Augenblick/das JETZT ist der entscheidende Punkt, auf den ich mich ausrichte. Dazu gehören ganz eng Fragen wie: Will ich jetzt überhaupt da sein, wo ich gerade bin

---

[12] Ausführlicher in Kap. 2.2.

und mich den Anforderungen der Situation oder meines Gegenübers stellen? Habe ich die Kraft und auch die Freude daran? Bin ich „frei" – zeitlich, gedanklich, um mich einzulassen? Denn Präsenz ist kein Getrenntsein von dem, was gerade geschieht. D.h. ich erlebe mich immer als Teil von etwas, kein/e „Konsument-in"/Beobachtende/r. Ich bin Beteiligte/r und Anteilnehmende/r zugleich.

Authentizität meint eine Form von Wahrhaftigkeit, die auf einem inneren Gegründet-Sein beruht, der Verbundenheit mit sich selbst: Selbst-Bewusstheit, Selbst-Sicherheit. Sie gibt sich selbst sozusagen die Erlaubnis, so da zu sein, wie sie ist, und gleichzeitig ist sie fähig, das Eigene zurückstellen zu können, sich auf den anderen Menschen einzustimmen und an seiner Seite zu sein.

Zuversicht drückt das innere Vertrauen aus, sich trotz Nicht-Wissens gewiss zu sein, dass einem die Kräfte zuwachsen, um einer schwierigen Situation zu begegnen und die möglichen nächsten Schritte sich entfalten werden, wenn der eigene Wille zur Kontrolle und Steuerung aufgegeben werden kann und die Offenheit da ist, Antworten auf sich zukommen zu lassen.

Diese innere Ausrichtung bedarf einer äußeren Ausdrucksweise im zwischenmenschlichen Kontakt in der Begleitung. D.h. es braucht Verhaltensweisen, die dem Gegenüber, z.B. dem sterbenden Menschen, die Sicherheit geben, dass er gemeint ist/gesehen wird. Dazu gehören

- Aufmerksamkeit, wach zu sein und nicht in eigene Gedanken verstrickt zu sein, in die Gedankenketten, was noch zu tun ist, was gestern war, was morgen ansteht usw.

- Neugier
- Geduld
- Empathie
- Ehrlichkeit
- Mitgefühl
- Umsicht für das soziale Gefüge, in dem ich mich beim Gegenüber/dem Sterbenden bewege
- Schweigen
- Stille aushalten
- auf Augenhöhe beim anderen sein

Diese inneren Qualitäten gilt es sich bewusst zu machen und auch ganz konkret zu üben.

Daneben müssen wir uns aber auch vor Augen führen, dass ein Da-Sein in Verbundenheit durch unsere normale Alltagsstruktur in der Regel untergraben wird. Die Sterbebegleitung bietet uns hier den Raum zum „Ausstieg", weil der Alltag von Sterbenden anderen Gesetzmäßigkeiten unterliegt. Dazu eine kurze Gegenüberstellung:

„Normal"alltag	Alltag von Sterbenden
Schnelllebigkeit, „Lärm/Hektik"	Stille und Langsamkeit
Alltagsroutinen	Aufarbeitung des Lebens
Zielstrebiges Arbeiten	sich Gefühlen hingeben, von ihnen überrollt werden
Planung, Kontrolle	der Moment ist wichtig, das Leben jetzt
Zeitnot	Zeit ist unwichtig
sich abschotten, „seine Rolle spielen"	Offenheit, Masken werden abgenommen

Machbarkeit, alles ist regelbar	„es ist so, wie es ist", Dinge geschehen ohne eigenen Einfluss
„Zwanghaftigkeit", Abhängigkeit	Hingabe, sich einlassen
Rationaler Geist	*Herzens-Geist*

Eine Herausforderung in diesem Prozess stellt daher für uns der Wechsel von der uns gewohnten Ebene des rationalen Geistes, des gewohnten Denkens und Handelns dar hin zu einem Verbundensein aus dem Herzen heraus. Wir sinken sozusagen selbst in uns ein Stück tiefer und dies ist ein Akt von Bewusstwerdung und Entscheidung. Sie ist jedes Mal wieder neu zu treffen, wenn wir in die Welt von Sterbenden eintreten möchten bzw. wenn wir uns im Zwischenmenschlichen verbinden wollen.

In der Überschrift zu diesen Ausführungen habe ich davon gesprochen, dass Begleiten ein Akt der Würdigung ist. Was meint dies?

Dazu als Einstieg ein kurzes Textgedicht aus dem Brief einer im Sterben liegenden Krankenschwester an ihre Kolleg_innen, den ich extrahiert habe und der sich an ein Gedicht von Albert Camus[13] anlehnt:

---

[13] »Gehe nicht vor mir her, vielleicht folge ich dir nicht. Geh nicht hinter mir, vielleicht führe ich dich nicht. Geh einfach neben mir und sei mein Freund." Albert Camus, 1913 - 1960

Gehe nicht vor mir her,
ich könnte dir nicht folgen,
denn ich suche meinen eigenen Weg.
Gehe nicht hinter mir her,
ich brauche gewiss niemanden,
der mich kontrolliert oder lenkt.

Bitte bleib an meiner Seite
Sei aufmerksam und achtsam mit mir und dir.

Sei nichts als mein/e Begleiter/in,
während ich tastend und zögernd versuche,
meinen Weg zu finden.

Begleite mich,
bleibe in deinem Gleichgewicht,
lasse mir den Raum für meine Selbstverantwortung
und meine Entscheidungsfähigkeit
und erkenne mein Handeln an.

Im Textgedicht ist von Selbstverantwortung, Entscheidungs- und Handlungsfähigkeit die Rede, d.h. der sterbende Mensch will in seiner Lebendigkeit auf seinem „letzten Weg" und als „kein Anderer" gesehen werden: behandlungs- und betreuungsbedürftig auf der physischen Ebene, aber in seiner geistigen und psychischen Mündigkeit und bis zum Ende im Besitz seiner Würde.

Wenn wir das Wort *Begleiten* für einen Moment in uns nachklingen lassen, welche Assoziationen steigen dann in uns auf: Da klingt so etwas wie mitgehen, sich jemanden anschließen, jemanden beistehen, sich zu ihr/ihm gesellen.

Begleitung löst vielleicht aus: Nahe-Sein, Da-Sein können mit all den eigenen Gefühlen und Gedanken, und auch sich zurücknehmen, sich nicht in den Mittelpunkt des Geschehens zu rücken. Die beteiligten Personen bestimmen und entscheiden für sich selbst. Sich begleitet fühlen, heißt, wenn wir selbst tief in uns hineinspüren, dass wir

- uns verstanden und gestützt fühlen,
- animiert und ermutigt werden, über unsere Gefühle zu reden,
- ambivalente Gefühle äußern dürfen
- keine Ratschläge und Wertungen anhören müssen
- Zeit füreinander haben, uns die Zeit nehmen
- uns als Menschen auf Augenhöhe begegnen.

Sterbebegleitung wird so zu einem Akt der Würdigung: des Menschen, seines Lebens, seines Da-Seins in der Sterbephase. Würdigung meint die Anerkennung für das, was ist, das Annehmen und die Akzeptanz des Unausweichlichen und auch die Rückschau auf das Gelebte mit allen Freuden und Schmerzen.

Würdigung meint ein Sehen des Anderen in seinem Geworden-Sein und seinem Abschied nehmen. Es meint ein Bezeugen für ein gelebtes Leben für den Sterbenden noch zu seinen Lebzeiten.

Sterbebegleitung ist ein Lebensbegleitprozess, eine Begleitung im Übergang zu einer neuen Seinsphase. So schließt sich der Kreislauf von Geburt – Reifung – Sterben. Wie die Hebamme bei der Geburt das Ankommen in dieser Welt stützt, so stützen wir in der Sterbebegleitung den Prozess des Hinübergehens in eine Dimension, die wir zu Lebzeiten nicht kennen. Was hier für die Sterbebegleitung gilt, können wir ebenso auf jede Phase der Reifung bzw. des Übergangs in unserem Leben übertragen. Uns gegenseitig auf diese Art und Weise zu begleiten und uns in unserem Dasein zu würdigen, dürfte unserer Kultur eine neue Ausrichtung geben.

2.4. Eine Übung[14]

Beispielhaft für die in diesem Kapitel angesprochenen Inhalte habe ich aus einer Vielzahl von Übungen drei ausgesucht, die Sie zu zweit in einer Atmosphäre der Stille miteinander ausprobieren können.

Die Kraft der Dankbarkeit und Verbundenheit
Im Mittelpunkt der Übung steht das Geschenk der Aufmerksamkeit und die Erfahrung des Zuhörens.

1. Phase:
   Zwei Personen sitzen sich gegenüber. Person A stellt die Frage: wie ist es/wie fühlt es sich an getrennt zu sein? Person B antwortet.
   Person A bedankt sich („Danke") und stellt die Frage erneut, Person B antwortet wiederum.

---

[14] Die hier dargestellten Übungen habe ich aus unterschiedlichen Fortbildungskontexten in den 90iger Jahren und Anfang 2000 mit Frank Ostaseski übernommen bzw. bin durch sie angeregt worden, sie für die Arbeit mit den inneren Qualitäten in der Sterbebegleitung abzuwandeln. Frank Ostaseski war der Leiter des ersten Zen-Hospizes in San Francisco und gab regelmäßig Fortbildungen wie kurze Meditationsretreats für Menschen in der Sterbebegleitung.

Nach 10 Minuten werden die Rollen gewechselt.

2. Phase

Zwei Personen sitzen sich gegenüber. Person A stellt die Frage: wie ist es/wie fühlt es sich an, verbunden zu sein? Person B antwortet. Person A bedankt sich („Danke") und stellt die Frage erneut. Person B antwortet wiederum. Nach 10 Minuten werden die Rollen gewechselt. Anschließend bleiben beide noch einige Minuten im Schweigen sitzen und teilen sich dann gegenseitig ihre Empfindungen, ihre Gedanken und ihre Erkenntnisse mit.

Die Kraft der Präsenz
Im Mittelpunkt steht die Erfahrung des Begleitens. Wie kann es gelingen Achtsamkeit in die eigene Handlung zu bringen und auf der Basis von Verbundenheit zu mir und zu meinem Gegenüber zu begleiten.

Person A liegt oder sitzt entspannt auf einem Stuhl/auf dem Boden, schließt die Augen und ballt eine Hand zu einer ihr angenehmen fest geschlossenen Faust. Person B sitzt daneben und nimmt die geschlossene Faust von Person A in ihre Hände.
Aufgabe von Person B ist es – ohne Sprechen – die Faust von Person A allein durch Berührungen zum Öffnen zu bringen. Person A reagiert dabei nur aus dem inneren Empfinden heraus, ob sie sich veranlasst fühlt durch die Berührung die eigene Faust zu öffnen.
Anschließend wird gewechselt.

Am Ende der Übung bleiben beide noch einige Minuten im Schweigen sitzen und tauschen sich dann aus.

Die Kraft der Authentizität und des Vertrauens
Im Mittelpunkt der Übung steht die Erfahrung, was geschieht, wenn ich mich tief auf eine Begegnung mit einem Gegenüber einlasse. Was trägt Authentizität zur Verbundenheit bei?

Zwei Personen sitzen sich gegenüber. Person A stellt die Frage: Wer bist du? Person B antwortet und erhält die Antwort: Ich sehe dich.
Dann stellt Person A die Frage erneut und erhält wiederum die Antwort „Ich sehe dich".
Nach 10 Minuten werden die Rollen gewechselt.
Anschließend bleiben beide noch einige Minuten im Schweigen sitzen und tauschen sich dann aus.

Für alle Übungen gilt:
 ➢ Kommentare/Bewertungen unterbleiben. Es geht um ein Mitteilen und Teilen.
 ➢ Nehmen Sie sich Zeit für diese Übungen und fangen Sie mit nur einer Übung an.
 ➢ Es ist wichtig, sich ohne Widerstand den Übungen zu stellen. Sie berühren ein intimes Geschehen in uns, was wir so nicht gewohnt sind anzuschauen und mit anderen zu teilen.
Deshalb achten und sorgen Sie gut für sich.

Begegnungen

Sich zuhören
Sich in die Augen sehen
Sich annehmen
Miteinander sein

Sich stützen
Sich bereichern
Sich zuwenden
Beieinander bleiben

Neues entdecken
Ein Risiko eingehen
Sein Denken verändern
Sich entwickeln
Das Leben lieben

3. Essentielle Aspekte aus der Begleitung Sterbender

In diesem Kapitel möchte ich Themen aus der Sterbebegleitung aufgreifen, die für mich von essentieller Bedeutung in der Begleitung in Krisen- und Wandlungsprozessen sind. Was sollen mir diese Themen für mein Leben sagen, ist also die naheliegende Frage.

Für mich ist das Sterben ein Bestandteil des Prozesses „Leben", ein Stadium der Reifung im Mensch-Sein. Sterben verstehe ich in einer weiter gefassten Form als den konkreten Sterbeprozess eines einzelnen Menschen. Sterben i.s.v. Vergänglichkeit ist ein zentraler Bestandteil von Leben, von Wandlung, von Wachstum. Dies möchte ich immer wieder in Erinnerung rufen und so sind Prozesse von Krise, Abschied, Trauer ständige Lebensbegleitende. Ihre bewusste Wahrnehmung macht „die andere Seite der Medaille": Freude, Glück, schöpfend - schaffende Kreativität erst in vollem Umfang (er-)lebbar.

Aus dem Gebürtlichen in die Welt „ausgetragen" entäußert sich der Mensch kontinuierlich in die Welt hinein und durchläuft verschiedene Dimensionen der Bewusstseinsentwicklung[15]. Oder im Bild der Lebensringe von Rilke gesprochen durchläuft der Mensch im Laufe seine Lebens verschiedene Bewusstseinsringe; einer umspannt den anderen, integriert ihn, ohne ihn zu „vergessen" und

---

[15] Mein Lieblingsautor hierzu ist Jean Gebser und dessen Hauptwerk: Ursprung und Gegenwart, 3 Bd., 1973. Eine kurze Zusammenfassung der Bewußtseinsdimensionen unter
https://www.neues-bewusstsein-leben.de/jean_gebser.html

mensch kann jederzeit auf ihn zurückgreifen, ihn in sich aktivieren und erleben.

V.a. in unserer westlichen Kultur der Moderne und Postmoderne hat der Mensch in seinem Entwicklungsprozess den Kontakt zu seinen nicht-mental-kognitiv-rationalen Bewusstseinsformen verloren bzw. verleugnet und verdrängt sie und schneidet sich so immer mehr von seinen Wurzeln und einem inneren Reservoir an Fähigkeiten jenseits des Rational-Kognitiven ab.

Inzwischen hat sich zwar eine ganze Medien- und Seminarlandschaft entwickelt, dieses Innere wieder sichtbar zu machen, auch eine neue spirituelle Kultur entwickelt sich in einer gewissen Breite in den sozial privilegierteren Schichten unserer Gesellschaft. Nur erscheint es dem „modernen Menschen" vermeintlich angemessener, dieses Wissen und seine Wege als eine Form der Selbstoptimierung zu nutzen denn als eine Neuorientierung in der Haltung zum Leben.

In der Begleitung Sterbender treten wir dieser inneren Dimension im Kontakt mit dem Sterbenden und durch seinen Prozess des Abschieds gegenüber und sind gefordert, uns auf sie einzulassen, wenn wir den Sterbenden erreichen und „verstehen" wollen.

Das Innewerden, was wir im Sterbeprozess beobachten können, kann so ein Hinweisgeber für ein Innewerden im Leben werden.

Die folgenden Kapitel widmen sich also verschiedenen Aspekten, die in der Begleitung Sterbender von zentraler Bedeutung sind und die im Sinne des gerade Gesagten das eigene Leben neu ausrichten können:

- die Einführung in die achtsame oder einfühlsame Kommunikation mit dem Schwerpunkt auf das Hören als Kernkompetenz: das Hören als Da-Seins-Form der Verbundenheit und Beziehungsgestaltung und einer Veränderung in der Ausrichtung, die eine neue Dialogfähigkeit entwickeln hilft (3.1.)
- die Wiederentdeckung unserer reichhaltigen Ausdrucksformen jenseits des rationalen Denkens und seiner abstrakten Sprache. Wir tragen diese in uns, haben sie teilweise in den Hintergrund gedrängt oder werten sie ab gegenüber dem Rationalen, haben sie unter seine „Vorherrschaft" gestellt (3.2.)
- die Wiederentdeckung des Spirituellen als einer unter den „Gebäuden" der Religionen liegenden Seins-Form (3.3)
- der Umgang mit Trauer als Lebensthema eines jeden Menschen (diesem Thema habe ich ein eigenen Kapitel gewidmet: 4.)

Die folgenden Kapitel sind ein Sich-Vertraut-Machen mit Wegen und Formen der Begegnung und Beziehungsgestaltung, die Nähe, Vertrauen, Weite und Zuversicht in das Miteinander stärken.

3.1. Achtsame Kommunikation – Hören und Dialog aus dem Da-Sein heraus

Höre, so lebt deine Seele jetzt
(Joachim-Ernst Behrendt)[16]

Kommunikation – Grundlegendes

Communicare, das lat. Wort, meint: gemeinschaftlich tun, mitteilen, in der Physik bis in 20. Jhrdt. war es der Begriff für „ein in Verbindung stehen". Kommunikation ist ein lebensnotwendiger Prozess, ohne den sich kein Mensch „gesund" entfalten kann. Sie ist Beziehung, Kontakt, sich mitzuteilen. Manche sagen sie ist Liebe in Beziehung oder Liebe zur Beziehung. Sie ist ein dem Menschen innewohnendes Bedürfnis und gleichzeitig die physio-psychische Notwendigkeit für die Entwicklung zu einem bewussten Menschen: verbal, nonverbal, subtil.

Der Mensch kommuniziert mit allen seinen Sinnen, sein Körper entwickelt eine eigene Sprache neben der verba-

---

[16] Prof.h.c. J.E.Behrendt (1922-2000) war ein begeisterter Forscher über das Hören und den Klang jenseits der universitären Strukturen. Er galt in den 60iger Jahren als Jazz-Papst, weil er die verschiedenen modernen Jazzkomponisten aus unterschiedlichen Kulturen weltweit zusammenbrachte und ihnen Gehör im Rundfunk und der Fachöffentlichkeit verschaffte. Später widmete er sich immer mehr der spirituellen Dimension von Hören und Klang. Eines seiner letzten Werke beschäftigt sich mit den letzten großen musikalischen Werken berühmter Komponisten vor ihrem Tod: Hinübergehen – das Wunder des Spätwerks, Frankfurt 1998 (DVD und Buch). „Nur so zum Lesen" ist auch sein Buch sehr schön: Es gibt keinen Weg, nur gehen. Neue Ausgabe von 2007

len Sprache über Worte und auch hier gibt es verschiedene Ebenen des Ausdrucks: abstraktes Sprechen in Begriffen und Kategorien, in Systemen von Worten/Sätzen usw., symbolhaftes Sprechen in Metaphern, Gleichnissen, Gedichten, Mythen/Märchen usw.
Der gesamte Mensch ist ein Ausdruck des Wechselspiels zwischen ihm und seiner Mitwelt. Er bildet dieses Wechselspiel ab in seinem Körper, seinem Geist, seiner Sprache. Er ist ein lebendiger wandelnder Ausdruck von In-Beziehung-Verbindung-Sein mit anderen Menschen, Natur, Welt.

Kommunikation lebt von und durch unsere Sinne: dem Sehen und Wahrnehmen eines Gegenübers, dem Sprechen – verbal über Worte wie nonverbal über den Körper, dem Hören und dem Sich-Einfühlen auf einer empathischen Sinnesebene, der Berührung.

Achtsame Kommunikation

In der Beziehung zu Menschen in krisenhaften Situationen erfahren wir auf eine besondere Art und Weise die
drei Ebenen des In-Kontakt-Seins von

Sprechen   *Hören*   *Wirken*

Wir begeben uns von unserer alltäglichen Ebene des „ständigen in Aktion-Seins und Geplappers" auf eine andere Ebene des Seins. Diese andere Ebene ist charakterisiert durch

- *eine innere Haltung*, mit der ich in die Kommunikation eintrete. Sie ist geprägt durch die drei Formen des Seins[17]

  PRÄSENZ als Gegenwärtigkeit,
  als Leben im Jetzt, als Hingabe
  AUTHENTIZITÄT als Wahrhaftigkeit,
  als Sich-Selbst-Bewusst-Sein
  ZUVERSICHT als tiefes Vertrauen
  in die Gesetze des Lebens,
  als in gewisser Weise ohne Angst zu sein.

- *Eine innere Ausrichtung/"Verhalten"*, in dessen Zentrum die Begriffe **stehen:**

  OFFENHEIT
  NICHT-BEWERTEN
  HÖREN

- *Ein nach außen gerichtetes Verhalten, wo Sprechen und Wirken in den Hintergrund treten*

Grundlagen für OFFENHEIT sind folgende Verhaltensweisen:
- das eigene Denken und Sprechen in den Hintergrund stellen - die Aufmerksamkeit ist darauf ausgerichtet zu erfassen, was im Moment gerade vor einem geschieht,
- Schweigen im Außen und Stille im eigenen Innern zu bewahren, z.b. die eigenen Geschichten zurückzustellen

---

[17] s.2.2. zu den Begriffen im einzelnen

- die eigene Wahrnehmung der gesprochenen Worte auf die Ebene der Gefühle und der Symbole[18] zu holen

Offenheit heißt: Lauschen und fragen, der anderen Person Raum geben für ihr Eigenes!

NICHT-BEWERTEN ist der Verzicht auf jede Form des ungefragten Beurteilens, der Korrektur der Meinung des Gegenüber oder der Rat-Schläge, was besser zu machen wäre.
Einige Worte zum Bewerten, das unserem gewohnten rationalen Geist zu eigen ist. Es hat seine konstruktiven wie kommunikationshinderlichen Seiten.
In seiner Kommunikation fördernden Form äußert es sich i.S. von Einordnen und Orientierung stiftend. Auf dem Hintergrund einer als verbindlich geltenden Ordnung (Gesetze, Regeln, Verhaltenskodex) bewerten wir.
In seiner hinderlichen Form zeigt es sich in Konstruktionen und Konzepten über etwas/über andere Menschen, wo das Eigene sich auf das Andere projiziert (ich mache mir eine Geschichte über den anderen). Es zeigt sich als Beurteilung, als Maßstäbe-Anlegen von gut/böse, richtig/falsch, als Entweder-Oder- und Schwarz-Weiß-Denken bis hin zu Formen, in denen diagnostiziert und dogmatisiert wird, sich über andere erhoben wird, Macht ausgeübt wird.

Diese andere Form des Miteinanders beschreibe ich gerne als achtsame oder einfühlsame Kommunikation in Vertiefung der bekannten Kommunikationstheorien (s. weiter unten). Sie ist für mich charakterisiert als

---

[18] s. hierzu 3.2. über Symbolsprache

- ein Zurückstellen des Verstandes und des rational-mentalen Denkens mit seinen Elementen: Bewertungen, Einordnungen, Vergleiche, Kategorisierungen, Strukturierungen, Kontrolle, Planung, kurz gesagt: Verfügbarkeit[19] über das, was geschieht
- ein Dialog der Herzen über ein Sich-Verbinden mit dem anderen Menschen in dem Wissen nicht(s) zu wissen, was kommen wird, und in dem Versprechen, an der Seite des anderen zu bleiben, wahrhaftig zu sein und da zu sein,
- eine andere Ausrichtung in der Wahrnehmungsfähigkeit von Sehen und Hören: vom Sehen zum Schauen, vom Hören zum Lauschen/Horchen.

Achtsame bzw. einfühlsame Kommunikation versucht, mitzufließen im Strom des Gesprächs. Es ist ein Mitgehen im Fluss der Wahrnehmungen und Worte. Es konzentriert sich auf das Aufnehmen, Erkennen und hören (s.u.). Es verbindet sich mit dem Gegenüber statt sich als getrennt von ihm/ihr zu sehen. Es ist die Fähigkeit, sich in die Position der/des Anderen zu versetzen, von seinem/ihrem Platz aus die Dinge zu sehen.
In dieser Form der Kommunikation kommt dem Hören eine besondere Rolle zu.

---

[19] Hier noch einmal der Hinweis auf den Soziologen Hartmut Rosa und seine beiden Bücher: Resonanz, SuhrkampTB, 3. Auflage 2019, und Unverfügbarkeit, Residenz Verlag 2018. Auf you tube sind auch gute Vorträge von ihm anzuhören – s. auch Fußnote 2

Hören als Kernkompetenz in der zwischenmenschlichen Beziehung

Was macht das Hören so besonders?

Aus anatomischer Sicht wissen wir:

- Das Ohr bzw. das Hören werden schon wenige Tage nach der Befruchtung im Mutterleib ausgebildet und etwa nach 4,5 Monaten ist das eigentliche Hörorgan, die Cochlea, vollständig ausgebildet. Sie wächst im Laufe des Lebens nicht mehr. Das Ohr wird aus der Körperhaut des Embryos gebildet.
- Die Form des Ohres ähnelt dem eines auf dem Kopf im Mutterleib liegenden Embryos.
- Der Hörsinn ist der erste Sinn, der ausgebildet ist, und aus der Sterbeforschung ist bekannt, dass er der letzte Sinn ist, der sich im Sterbeprozess auflöst.
- Das Ohr bzw. das Hören besitzt gegenüber dem Auge/Sehen eine 10x größere Differenzierungsfähigkeit, was das Messen in Frequenzen angeht.[20]

Es ist der Sinn, der nur mit Hilfe von außerkörperlichen Mitteln ausgeschaltet werden kann; die anderen Sinne kann der Mensch von sich aus verweigern einzusetzen.

Hören ist sozusagen ein Übergangssinn zwischen der aktiven Sinnesaneignung der Welt und dem passiv aufnehmenden, sich eingebunden fühlenden Bereich des Menschen. Sehen wie Sprechen machen demge-

---

[20] aus Joachim-Ernst Behrendt, Das 3. Ohr, Reinbek 1998

genüber die schrittweise „Verengung" des Wahrnehmungshorizontes bzw. der Fokussierung auf Objekte möglich. So entsteht die Wahrnehmung und Annahme eines von sich getrennten Gegenübers. Hören kann der Mensch rund um sich herum. Sehen geht ohne Körperbewegung nicht. Das Sprechen kann diesen Rund-um-Effekt erreichen, aber keine wirkliche Kommunikation aufbauen ohne Hören oder Sehen des Gegenübers. Sprache in unserer heutigen auf Abstraktion ausgerichteten Form (z.b. als Begriffe mit fest definiertem Inhalt) bildet entwicklungsgeschichtlich gesehen auch eine Verdichtung/eine „Verengung" ab. Im Vergleich dazu finden wir in der Vormoderne bzw. bei den alten Kulturvölkern eine Sprache, die symbolhaft, metapherdurchzogen und mit größerer Aufmerksamkeit auf das Nonverbale ausgerichtet war. Sie war vom Denken und Sprechen her weniger auf ein objekthaftes Betrachten ausgerichtet als auf ein Sich-Verbunden-Sehen mit allem Existierenden (s. hierzu auch 3.2.)

Aus kommunikationsbezogener Sicht
In den meisten bekannten Kommunikationstheorien treffen wir auf eine besondere Beachtung des Hörens, so u.a. bei dem US-Amerikanischen Psychotherapeuten Carl Rogers (Begründer der klientenzentrierten Gesprächsführung) oder dem deutschen Psychologen Friedemann Schulz-von-Thun (das 4-Ohren-Modell)[21].

---

[21] Bitte hierzu bei Interesse die entsprechenden Begriffe im Internet recherchieren

HÖREN kann auf verschiedenen Ebenen und in verschiedenen Formen von Aufmerksamkeit geschehen. Hierzu einige Perspektiven:

> Die drei Formen von Aufmerksamkeit – das „alltägliche" Hören [22]:

Hören	Hinhören	zuhören
Hören ohne Hinhören heißt zum Beispiel, mit sich selber beschäftigt zu sein, nur sporadisch aufzumerken und einem Gespräch nur solange zu folgen, bis selbst geredet werden kann.	Hinhören ohne Zuhören heißt: Aufnehmen, was die andere Person sagt, ohne sich zu bemühen herauszufinden, was der andere meint oder sagen will.	Zuhören heißt, sich in den Partner hineinzuversetzen, ihm volle Aufmerksamkeit zu schenken und dabei nicht nur auf den Inhalt, sondern auch auf Zwischentöne zu achten.
Die Aufmerksamkeit ist noch nicht unbedingt auf den Gesprächsinhalt, sondern auch auf die eigene Beschäftigung, die eigenen Gedanken und die Gelegenheit, zu Wort zu kommen, gerichtet.	Man ist gefühlsmäßig noch unbeteiligt, distanziert und abwartend. Die oder der Sprechende meint fälschlicherweise, ihr oder ihm würde ernsthaft zugehört	Durch Haltung und Reaktion wird dem Gesprächspartner mitgeteilt, dass es im Moment nichts Wichtigeres gibt, als sie oder ihn.

---

[22] http://www.rhetorik.ch/Hoeren/Hoeren.html

➢ Aus der klientenzentrierten Gesprächsführung nach Carl C. Rogers wissen wir um die zentrale Stellung des Zuhörens als Form der Empathie und der Beziehungsgestaltung mit Menschen in Krisensituationen. Rogers nennt dies *Aktives Zuhören*. Es ist Grundlage einer Haltung, die auf folgenden Begriffen fußt:

AKZEPTANZ als Wertschätzung, emotionale Wärme, Achtung der gesamten Person
EMPATHIE als Einfühlen in das Gegenüber, Atmosphäre der Offenheit schaffend
KONGRUENZ als Echtheit der Begleiter_in, als Bereitschaft, sich auf Wunsch des Gegenüber mit seinen eigenen Gefühlen mitzuteilen, Basis ist gegenseitiges Vertrauen

Die Techniken des aktiven Zuhörens sind:

Paraphrasieren	Die Aussage wird mit eigenen Worten wiederholt.
Verbalisieren	Die Gefühle, die Emotionen des Gegenübers werden gespiegelt z.B. "Sie hat das maßlos geärgert."
Nachfragen	"Nachdem Sie dies gesagt hatten, reagierte Person X nicht?"
Zusammenfassen	das Gehörte in wenigen Worten wiedergeben
Klären	Unklares klären: "Sie haben gesagt, Sie hätten sich Person X gegenüber gefühlt wie…. Haben Sie das ihrem Gegenüber auch mitgeteilt?"
Weiterführen	"Hat dann Person X das Gespräch gesucht? Wie hat er/sie sich dann verhalten?"

Es geht bei diesen Formen um ein Sich-Einlassen auf das Gegenüber, indem sich der Zuhörende mit den eigenen Interessen und Bedürfnissen zurücknimmt. Es bleibt sozusagen ein Geschehen zwischen zwei Menschen und ihren inneren Prozessen/Anliegen und es fordert ein eindeutiges Ja der Beteiligten zu dieser Kommunikation miteinander.

> In der spirituellen Begleitung Sterbender benennt der ehemalige Leiter des ersten Zen-Hospizes in San Francisco, Frank Ostaseski, aus seiner Erfahrung drei Formen des Zuhörens, die das Hören als ganzheitlichen *Prozess* in der Begegnung sieht.[23] Es sind

- *das Hören mit dem Verstand/Kopf*
- *das Hören mit dem Herzen*
- *das Hören mit dem Bauch.*

Er versteht darunter:
Das *Hören mit dem Kopf* ist ein Hören auf der Ebene des denkenden - rationalen Geistes, i.s. von Sachinformationen zu hören, logisch zu verstehen. Bin ich in einer Haltung der Offenheit, so nutze ich meinen Verstand in Weisheit, Klarheit und Unterscheidungsfähigkeit. Bin ich mit mir selbst „beschäftigt", so „nutze" ich meinen Verstand für Bewertungen, Urteile und Interpretationen.
Das *Hören auf der Herzensebene* geschieht als Horchen auf und hinter die Worte, horchsam sein, das Innere des Gesagten zu erkennen, die Gefühle hinter den Worten zu hören. Bin ich offen dem Geschehen gegenüber, entwickeln sich hierbei Mitgefühl, Liebe und Einfühlungsver-

---

[23] Eigene Zusammenfassung aus einem Seminar mit ihm Anfang 2000 in Bremen

mögen. Bin ich in mir verstrickt, gerate ich in eine Haltung des Mitleids oder verschmelze mit meinem Gegenüber. Das „Hören auf den Bauch" ist ein Lauschen aus dem Inneren heraus, Schwingungen aufzunehmen, im Schweigen zu sein. Bin ich offen auf dieser Ebene, wird die eigene Intuition wach, stärke ich die Fähigkeit zur Verbindung im Jetzt. Koppele ich mich von dieser Ebene ab, so entstehen Ignoranz, Verspannung bis hin zur Erstarrung (z.B. bleibt die Atmung im Brustraum „hängen" oder „es liegt einem ein Stein im Magen").

Hören als Kernkompetenz über die Ich-Du-Beziehung hinaus

Aus meiner Erfahrung möchte ich noch eine weitere Form des Hörens einbringen[24]. Im vorherigen habe ich

- das Hören
- das Hinhören
- das (aktive) Zuhören beschrieben.

Diese weitere Form des Hörens nenne ich

- das vertiefte Zuhören: ein Lauschen und Horchen, das auch noch über das von Ostaseski Dargestellte hinausgeht.

Was meint dies:
Mit jedem Hören vertieft sich das Bewusstsein bzw. die Aufmerksamkeit des Hörenden auf das zu Hörende bzw. auf den Angehörten.

---

[24] Diese Form des Hörens ist aus meiner eigenen (spirituellen) Arbeit heraus entstanden. Ich habe sie allerdings bis 2017 nur wenig erproben können.

Die ersten drei Formen bewegen sich in dem engen Beziehungsrahmen von Zuhörende/r und Sprechende/r. Die 4. Form geht über diese Beziehung hinaus und richtet sich auf den Raum/ein Feld, in dem sich das Gespräch und die Beteiligten bewegen. Mit unserem gewöhnlichen oder Oberflächenbewusstsein ist uns dieser „Raum" meist nicht präsent, er wird meist nicht bewusst wahrgenommen. Manchmal nehmen die Menschen einen sogenannten Beziehungsschwingungsraum zwischen sich wahr. Entweder äußert sich dies als sogenannte atmosphärische Störungen wie: hier ist „dicke Luft", Gesprächsteilnehmende fangen an zu frieren, „die Atmosphäre hat nicht gestimmt", Ermüdung macht sich breit oder das Gefühl ausgelaugt aus dem Gespräch herauszugehen. Oder es werden positive Effekte wahrgenommen, dass sich Gesprächsteilnehmende angenommen und in heiterer Stimmung fühlen, energetisch gestärkt sind: „da hat zwischen uns alles gestimmt, wir waren auf einer Wellenlänge". Das wäre das fühlende Lauschen aus dem Bauch heraus (s.o.)

Der Raum oder das Feld, von dem ich hier spreche, geht noch darüber hinaus. Er ist mehr ein Schwingungsfeld, das die Kraft auf die Teilnehmenden ausstrahlt, sich verbunden zu fühlen, sich im Nichtwissen und Vertrauen und in dem oftmals diffusen oder vagen Gefühl zu erleben, dass da noch mehr anwesend ist. Manchmal berichten Begleiter_innen dies von intensiven Sterbeprozessen, bei denen sie anwesend sein durften und sie so etwas wie ein Heiliges im Raum empfunden haben.

Dieses Feld besitzt zudem die Kraft, neue Impulse, bisher nicht gedachte Gedanken, spontane neue Antworten und eine neue Qualität im Gespräch erscheinen zu lassen. Die Qualität in der Beziehung lässt sich so umschreiben, den Sprechenden in seinem Sein als Mensch zu sehen als Teil eines großen Werdensprozesses. Es ist dies eher aus einer tieferen Schicht von Sein/Sinn/Zugehörigkeit kommende Qualität. Ich bezeichne sie gerne auch als eine spirituelle Sicht auf den Menschen. Hier wird er als Teil eines evolutionären Prozesses von Bewusstseinsentwicklung erlebt und dieses Bewusstsein sucht sich in ihm seine Ausdrucksmöglichkeiten. Aus dieser Sicht erleben die Gesprächsteilnehmenden oftmals, dass z.b. die üblichen Sozialdaten der jeweiligen Gesprächsperson (Beruf, Lebensverhältnisse, die bisherigen Lebensleistungen, usw.) unwichtig sind, in den Hintergrund treten. Sie werden weniger bis gar nicht interessant. Das Gegenüber wird zum Mensch als Seinesgleichen.

Sich in diesen Raum und in diese Haltung/Ausrichtung zu begeben, fordern sterbende Menschen oft – als ihr innerstes Bedürfnis – von uns. Im Angesicht des Todes erübrigen sich alle Masken: dieser Satz aus der Sterbebegleitung drückt das „Anliegen" und das Bedürfnis von Sterbenden in ihrer letzten Lebensphase nur auf eine andere Art und Weise aus.

Des Weiteren charakterisiert diesen Raum ein Feld von Möglichkeiten zu sein, aus dem sich Neues, Unbekanntes, Erkenntnis- oder Einsichtsprozesse durch die Gesprächsteilnehmenden entwickeln und manifestieren können. Es ist ein „neutraler" Raum, der unabhängig von dem vorher beschriebenen Beziehungsschwingungsraum existiert (dieser ist ein Teil von ihm), immer vorhanden ist, aber einer bewussten Hinwendung und Ausrichtung bedarf. Dies geschieht, wenn sich die Gesprächsteilnehmenden in einer Haltung der Offenheit und Hingabe an dieses Unbekannte begegnen. D.h. sie sind zusammen ohne fixiertes Ziel, ohne Erwartungshaltungen an den Gesprächsverlauf und aneinander, sie akzeptieren eine Form des Nichtwissens darüber, was sich wo wie wohin entwickeln will und richten ihre ganze Aufmerksamkeit auf dieses Lauschen/Hören in den Raum hinein. Sie verzichten darauf, ihr bekanntes Wissen abzurufen und einzubringen, Positionen und Einstellungen auszutauschen, die sie sich im Laufe ihres Lebens angeeignet haben. Sie folgen einer intensiven Aufmerksamkeit in sich losgelöst von ihren inneren „Geschichten" und folgen Bildern oder Sprechimpulsen, die aufsteigen. Manchmal erscheint es dem Sprechenden so, als kämen Sätze/Gedankengänge durch seinen Mund in die Welt, die er/sie vorher so noch nicht gedacht oder geäußert hat.

In den ersten beiden Formen (Hören und Hinhören) „mischt" sich das jeweilige Ich des Zuhörenden noch mit in den Prozess „ein", d.h. die Aufmerksamkeit ist nicht in Gänze beim Gegenüber. Das ändert sich in der 3. und 4. Form zunächst dahin, in Gänze beim Gegenüber zu sein, und z.b. in Erfahrung zu bringen, was hinter seinen Worten schwingt. Dann – in der 4. Form, dem *vertieften Zuhören* – tritt dies in den Hintergrund und die Aufmerksamkeit richtet sich auf den gerade beschriebenen „neutralen" Bewusstseinsraum. Das geht über den Kontakt zwischen Ich und Du hinaus, ebenso über den Beziehungsraum zwischen dem Ich und Du und den atmosphärischen Stimmungen zwischen den Menschen. Dieses Hören erfasst eine Beziehung zu einem am Anfang unbekannten Raum von Möglichkeiten, die durch die Aufmerksamkeit und Ausrichtung des Hörenden die Chance haben, in die Wahrnehmung und Äußerungsfähigkeit über Worte zu kommen.

Sich auf diesen Raum zu fokussieren - und über den „engen" Bezugsrahmen der Sterbebegleitung hinausgedacht - beinhaltet dieses Hören die Chance, daraus eine neue Gesprächskultur zu gestalten. Diese lebt nicht von der Reproduktion bekannten Wissens lebt und dem Präsentieren von individuellen Meinungen, sondern von einem Denken in Gemeinsamkeit und einem „Flow zu neuen Ufern".

Der gesamte Prozess des Hörens ist eine Zunahme an Verbundenheit und eine Abnahme der Haltung und des Gefühls von Getrenntheit. Bedingung für diesen Prozess ist jedoch, dass alle Beteiligten im Gespräch sich auf diese Weise einlassen können und wollen. Das Gespräch wird so zu einem Dialog, einer Begegnung von Offenheit und gleicher Augenhöhe, einem gemeinsamen Interesse aneinander wie an einem Thema.

Tiefes Zuhören oder Lauschen braucht eine Achtsamkeit und Bewusstheit für den Moment, die Situation, in der gerade gehört wird, eine innere Weite und Offenheit, um aufzunehmen, was da zu hören ist, und sich dem Prozess des Hörens ganz hinzugeben. Aufnehmen meint, ein In-Sich-Einlassen, ein Für-Wahr-Nehmen. Wir sind es gewohnt als „Zeichen unserer Zeit" v.a. zu bewerten, einzuordnen, zu vergleichen und zu reagieren. Nun geschieht das Mitteilen aus dem Hören auf ein „Neues", das seinen

Ausdruck durch die jeweilige Person findet, jenseits der eigenen Schallplatten im Kopf.

Diese Form des *vertieften Zuhörens* ist eine besondere Herausforderung und meist für Ungeübte nur spontan und für kurze Momente oder in intensivsten Begegnungen z.b. in der Begleitung Sterbender erfahrbar. In diesen Momenten offenbart sich in der Wahrnehmung von Begleitenden und Sterbenden etwas, eine andere Dimension (s. hierzu auch Pkt. 3.3.), die erstaunt und unbekannt erscheint. Meist ist sie verbunden bzw. lässt sie uns in der Gewissheit zurück, dass wir hier keine Beobachtenden sind/waren, sondern Teilhabende eines Geschehens, was wir nicht gesteuert haben. Diese Erfahrung lässt uns meist in einer Form von Andächtigkeit sein, bzw. wir kommen mit Demut in Kontakt und auch mit Freude und Dankbarkeit. für den Moment ist da kein Schmerz, keine Schwere

Ich möchte dieses Lauschen als Perspektive für eine neue Form der Kommunikation mit aufführen, weil sie uns m.e. zukünftig neue Gestaltungsmöglichkeiten in Beziehungen geben kann und uns aus der Getrenntheit der individuellen Selbstdarstellung hin zu einer verbundenen gemeinsamen Gesprächsgestaltung entwickeln hilft.

Abschließende Bemerkung

Achtsame, einfühlsame Kommunikation meint eine Kommunikation des Anteilnehmens am Sein des Gegenübers, das auf ehrlichem Interesse basiert und sich selbst zurücknehmen kann. Sprechen und Hören als Dualität von aktivem Sich-Äußern und passivem Sich-Hingeben stehen sich hier in einer anderen Gewichtung gegenüber als unser normaler Alltag es uns abverlangt.

Ungeteilte Aufmerksamkeit ist das größte Geschenk, das wir einem anderen Menschen geben können. Zuhören ist ein Weg der Heilung. Wenn wir voller Hingabe zuhören, helfen wir der Wahrheit unseres Gegenübers ein Stück weiter ans Licht. Durch nicht-urteilendes Zuhören können wir Zugang zu Teilen auch von uns selbst erlangen, die für uns in der Vergangenheit weniger erreichbar waren. Dies erleichtert uns den Weg durch den Schmerz von Krisen und Verlusten, so dass wir zu einem tieferen Verständnis kommen. Dies kann uns über einen individuellen Verlust hinaus führen und uns für die wesentlichen Wahrheiten des Lebens öffnen: der Wahrheit der Vergänglichkeit, der Ursachen von Leiden, der Illusion des Getrenntseins.

„Das Auge führt den Menschen in die Welt.
Das Ohr führt die Welt in den Menschen ein!"
(Lorenz Oken, Naturforscher und Naturphilosoph aus dem 19. Jhrdt.)

3.2. Jenseits von Sprache und Denken
Sterbende begleiten –
Kommunikation jenseits des Rational-Mentalen

Was macht die Sterbebegleitung zu einem besonderen Prozess der Begegnung und Beziehung?

Sterben ist ein Prozess der Lösung vom Äußeren, von Dingen wie Besitz, Rolle, Funktion, Menschen und dem eigenen Körper hin zu einem Innerlich-Werden und der Frage, wer/welche bin ich, wohin gehe ich.... Es ist ein Transformationsprozess hinein ins Geistige, ein Weg in eine andere Welt (manche nennen es den Urgrund allen Seins oder zu Gott), der sich oftmals für Außenstehende symbolhaft beim Sterbenden äußert: in Gebeten, der Wiederentdeckung des eigenen Glaubens, beim Malen von alten symbolhaften Formen wie Gebetsgebärde, Mandala, Pyramide, Tunnel mit einem Licht am Ende, oder in Verhaltensweisen wie dem „entrückten", nicht fixierenden Blick an die Zimmerdecke oder dem Sprechen mit nicht sichtbaren Wesen, Verstorbenen.

Im Sterbeprozess erhält der innere Prozess mehr Bedeutung als die im Außen sichtbare und gelebte Wirklichkeit. Wichtig werden immer tiefere Dimensionen des menschlichen Bewusstseins bis hin zur Reaktivierung der Fähigkeit, sich mit den subtilen Seinsebenen neu zu verbinden (Engel, Heilige, verstorbene Angehörige, andere Wesenheiten wie Krafttiere...). Man könnte auch sagen, dass der Sterbende an den Beginn des Bewusstwerdungsprozesses der Menschheit zurückkehrt. Damit zusammenhängend gewinnen auch die Sinne eine andere Bedeutung. Auch sie ziehen sich immer mehr ins Innere zurück. Dazu später mehr, wenn es um die Auflösung im Sterbeprozess auf einer energetischen Ebene geht.

Es ist ein Prozess, in dem der „Kopf" als steuerndes Element des kognitiv rationalen Geistes zurücktritt und das Herz als offener, hingebungsvoller Geist, nicht wissend, vertrauend, im Jetzt lebend in den Vordergrund tritt.

Jenseits von Sprache und Denken
Wir können im Entwicklungsprozess der Menschheit eine Entwicklung beobachten (dies in aller Kürze[25])

- von der Ebene des Erlebens – verknüpft mit Bildern und symbolhaften Formen (Kreise, Striche, Vertiefungen in Steinen...): Es ist dies ein erstes Heraustreten aus einem sogenannten Urobos- bzw. archaischen Bewusstsein, in dem sich der Mensch noch mit allem verbunden fühlt, es kein außen und innen, kein Getrennt-Sein von allem Umgebenden gibt. Alles lebt und ist von Magie erfüllt. Diese ersten Formen erkennen ein „Außer-Sich-Existierendes" - ob Natur oder andere Lebewesen, andere Menschen. Sie sind aber ohne Ich-Bewusstsein und bewegen sich auf einen Entwicklungsprozess zu, zu einem Wir zu finden. Dieses „Außer-Sich-Existierende" ist eine erste Form eines Gegenübers, in dem die Menschen sich als Ihresgleichen gegenüber Tieren und Pflanzen erkennen, was sich dann weiter ausdifferenziert zu einem Wir als Sippe/Stamm.

---

[25] Ich verweise hier noch einmal auf Jean Gebser, s. Fußnote 15

- über die Ebene von erkennendem Erfahren - verknüpft mit Vorstellungen von Geist- und Götterwelten, Mythen, Märchen. Es ist immer noch eine Lebenshaltung von Eingebundensein, hier in höhere Mächte. Es gibt erste Ansätze eines Ich-Bewusstseins, das in einem starken Wir lebt (Stämme, Stadtkulturen wie Athen, Sparta..., später Großreiche)

- hin zur Ebene des kognitiv-gedanklichen Erkennens und des „Begreifens" – verknüpft mit der Ausbildung des mentalen Denkens, der Ratio/linearen Logik und Abstraktionsfähigkeit. Auf dieser Ebene entsteht eine Lebenshaltung der Teilung/Trennungen. Es entsteht eine Ichheit, die losgelöst sich als „Krone der Schöpfung" definiert und die das Wir zugunsten der Individualisierung zurückstellt

- Die Sprache entwickelte sich analog:

- zunächst in rudimentärer Form als unkontrollierte bis hin zu bewusst geformten Lauten, in unterschiedlichen Klangformen sowie ersten einfachen Wortformen,

- im nächsten Schritt hin zu ersten Formen von Begriffen, mit Symbolcharakter, wenig „Eindeutigkeit" und dem Entstehen von Geschichten, Märchen, Mythen. Erzählen ist eine zentrale Aufgabe von Sprache. Sie ist metaphorisch und entspringt bzw. repräsentiert ein zyklisches Denken,

- hin zum abstrakten Denken, das sich Begriffssysteme schafft, Begriffen eindeutige Definitionen zuordnet, eine Sprachlogik aus einem linearen Denken daran entlang aufbaut und so etwas wie einen Alleinvertretungsanspruch für Verständigung durchsetzt.

Entsprechend können wir von drei JENSEITS-Schwellen[26] sprechen, die der Mensch beim Sterben in seinem Bewusstsein durchschreitet:

- eine Schwelle, die ihn jenseits des mentalen Seins, des rationalen Geistes führt
- eine Schwelle, die ihn jenseits seiner Sinne und seines mythisch-symbolhaften Seins bringt und
- eine dritte Schwelle, die ihn jenseits seines physischen Körpers zu dessen Auflösung und seines materiellen Seins führt.

---

[26] Hier ist nicht das Jenseits gemeint als Synonym für einen Bereich hinter dem Tod.

Schaubild: Jenseits-Schwellen

1. Schwelle (physiologisch)	2. Schwelle (sinnesbezogen)	3. Schwelle (mental)
J	J	J
E	E	E
N *erlebendes Ahnen*	N *assoziatives Bewusstsein*	N *abstrahierendes Bewusstsein*
S *Spürbewusstsein*	S *symbolhaftes Denken*	S *+ begriffliches Denken*
E	E	E
I	I	I
T	T	T
S	S	S
lösen	erfahren	erkennen
erleben		

Wie äußert sich der Mensch auf diesen verschiedenen Ebenen?

Aus den Erfahrungen in der Sterbebegleitung wissen wir, dass sterbende Menschen bzw. die, die sich auf den Weg machen, sich in Andeutungen, Gleichnissen, Symbolen, Bildern ausdrücken. Wir können hier verschiedene Sprachformen erleben[27]:

Die *Signalsprache* – sie ist die häufigste Äußerungsform für eine Andeutung oder eine Mitteilung: *Ich glaube, ich mache es nicht mehr lange.* Oder: *Bald habe ich es geschafft!*

Die *direkt-verbale Sprache* – öfter von alten Menschen genutzt mit Aussagen wie: *Ich weiß, dass ich sterben muss.*

Die *Symbolsprache* unterteilt in

- *Symbolisch-nonverbale Sprache* – Bilder, Zeichnungen (helle Farben können eine Verbesserung anzeigen, dunkle Farben eher eine lebensbedrohende Empfindung), Gesten (Bsp. ein alter Mann nimmt sein künstliches Gebiss aus dem Mund als Zeichen, nichts mehr essen oder trinken zu wollen).

- *Symbolisch verbale Sprache* – Sprechen in Bildern und Gleichnissen wie „meine Uhr geht nicht richtig!", „ich spüre eine andere Zeit", „ich gehe jetzt nach Hause", „ich brauche Geld für meine Reise"...

Ein besonders eindrückliches Beispiel bietet ein Zyklus von acht Kreidebildern, den ein 42jähriger Bäckermeister, der mit einer unklaren Lungensymptomatik ins Kran-

---

[27] aus: Specht-Tomann /Tropper, Zeit des Abschieds, 1998

kenhaus kommt, während seiner letzten Lebensphase malt. Es ist ein mehrwöchiger Prozess, beginnend mit einer Phase der Unklarheit über seinen Zustand und dann der zunehmenden inneren Sicherheit, dass er sterben wird.[28] Hier eine kurze Skizzierung der Bilder:
Die ersten beiden Bilder zeigen sehr gegenständlich konkret sein Haus mit Garten, Blumen in den Fenstern, Gartenzaun, Wegen zum Haus und einen Himmel mit Wolken. Im 2. Bild bleibt es noch so gegenständlich wie im ersten. Aber die ganze Atmosphäre verdüstert sich und er sagt dazu: „da braut sich etwas über mir zusammen." Es folgen Bilder, die symbolhaft das Erfahren seiner Diagnose ausdrücken und während dessen er immer weniger Interesse an seiner Umwelt zeigt:

- ein Würfelkasten auf dem Meer mit 5 Punkten – „die Würfel sind gefallen" (Er hat keine sechs gewürfelt, dann hätte er noch eine Runde gedurft)
- über ein Bild in einem inneren Feuer zu stehen
- bis hin zu Bildern mit unterschiedlichen Symbolen: -- ein Y, einer Gebetsgebärde sehr ähnlich „ so steht der Mensch vor seinem Schöpfer" -- ein Mandala -- der Kuppelbau der Hagia Sophia als Erinnerungsbild an eine Reise -- und als letztes Bild eine blaue Pyramide, die sich auf ein helles Licht am Ende eines Tunnels zu bewegt.

---

[28] Dargestellt und zu finden unter http://www.monikamueller.com/pdf/12_Nach_innen_wachsen.pdf bzw. als Broschüre incl. der Bilder auch anzufordern unter der im Artikel angegebenen Bezugsquelle.

Dieser Mensch äußerte gegenüber seiner Begleiterin anfangs sehr deutlich, dass er kein gläubiger Mensch sei, und es war auch nicht davon auszugehen, dass er mit dem Symbolcharakter eines Mandalas, einer Pyramide und eines Tunnels, an dem am Ende ein Licht leuchtet, vertraut war.
Diese Bilder zeigen das vorhin Ausgeführte m.E. in einer ganz berührenden Weise:

- der Sterbeprozess ist ein Prozess, sich nach innen zu wenden, während parallel das Außen an Bedeutung verliert
- lebt der Mensch in der diesseitigen Welt bieten ihm seine persönlichen Bezüge wie Haus und Garten Sicherheit, Halt und Ordnung
- gleichzeitig macht sich dies an den Formen und dem Malstil fest: es wechseln konkrete Darstellung von Haus und Garten ab zu Formen mit Symbolgehalt wie Dom, Mandala, Pyramide. Gleichzeitig vereinfachen sich die Formen, reduzieren sich die Details und die Farbwahl verändert sich hin zur Betonung von kräftigen Farben mit flächiger Auftragung
- es scheint im Innern etwas zu wachsen, was sich jenseits des rationalen Geistes vollzieht: die Symbole wie die „Methode" Malen aktivieren die Sinnesebene und Gefühle wie die Intuition, es scheint eine andere Geistebene in den Vordergrund zu treten
- der Sterbende verliert das Interesse an Sachinformationen wie Therapievorhaben, was im Einzelnen mit ihm gemacht wird.....

- jenseits aller Glaubensvorstellungen scheint es eine „allgemeingültige" Symbolik zu geben, die den Sinn des Lebens widerspiegelt: religionsübergreifende Symbole wie Mandala, Pyramide, Kuppeldach, Morgenstern.... Sie treten ins Bewusstsein des Sterbenden, quasi aus dem Individuellen der Person heraus, wie ein kollektives Unbewusstes, das uns alle verbindet.
- Der Prozess des Sterbens ist einer, wo der Sterbende die Schritte selbst bestimmt, wann und wie er sie tun will.

Die 1. Jenseits-Schwelle
Genauer möchte ich hier noch auf die 1. Jenseits-Schwelle eingehen, um ein Verständnis dafür zu geben, was sich energetisch beim Sterbeprozess abspielt. Dabei beziehe ich mich auf das Wissen aus dem medizinisch und pflegerischen Bekannten und dem Erfahrungshintergrund der Sterbebegleitung. In folgendem Schaubild sind diese Dinge zusammengetragen.

Ich hoffe, die Ausführungen in diesem Kapitel stärken das Vertrauen sich auf diesen Ebenen jenseits des kognitiven rationalen Denkens und Sprechens einzulassen. Vielleicht mögen Sie sich auch selbst mit Bildern oder Symbolen befassen, sich dem Malen zuwenden oder der Poesie, um sich an diese Quellen anzubinden.

Element	Organ	Psychische Komponente	Sinn	Empfindung Von „Außen" evt. wahrnehmbar
Erde	Milz	Auflösung von Form	Tastsinn schwindet	Körperschwere Dumpfheit
Wasser	Niere	......von Ge- fühl	Hörsinn schwindet	Unruhe, Aufre- gung, Ärger Wechselbad von Gefühlen will mit sich ins Reine kommen
Feuer	Leber	.... Wahr- nehmung	Gschmack- sinn schwindet	Geist wird dumpf, die Klar- heit schwindet
Luft	Lunge	...von Intel- lekt	Geruch- sinn schwindet	wirre unwirkliche Bilder
Raum/ Äther	Herz	Bewusstsein transformiert sich in den GEIST	Sehsinn löst sich auf	Beziehung zu den Sinnesobjekten schwindet

Äußere Zeichen - Erfahrung im Körper

Von außen sichtbar

Schwinden der Körperkraft und der Bewegung, Muskulatur trägt nicht mehr, jede Lage wird schnell schmerzhaft, zunehmende Müdigkeit, Haut ist blass, Wangen fallen ein, braune Flecken an den Zähnen, Interesse an Beschäftigung schwindet, Bewusstsein pendelt zwischen den Welten, Sehen wird unscharf

Trockenheit von Lippen (blutleer, nach innen gezogen), Mund/Rachen (klebrig, großer Durst), Nase (-flügel fallen ein), Übelkeit/ Erbrechen, keine Kontrolle mehr über die Körperflüssigkeiten (Verstopfung und Durchfall, Nase läuft, Flüssigkeit tritt aus den Augen), Zittern und Zuckungen

Verschwinden der Körperhitze, Körper fühlt sich heiß/kalt an, schwüle Hitze über dem Scheitel, der Atem geht kalt durch Nase und Mund, keine Schluckreflexe mehr, Kommunikation findet häufig nur noch nonverbal statt, das Gesagte ist oft nicht das Gemeinte

Atem wird schwer, Einatmung wird kürzer, Ausatmung länger, Atempausen, Blick aus dem „Nichts", sieht Dinge, die die Umgebung nicht sieht, die Augen rollen nach oben, allg. Bewegungsunfähigkeit

Die Sinne arbeiten nicht mehr, Vitalflüssigkeiten treten aus dem Körper aus, die äußere Atmung kommt zum Stillstand – die innere Atmung löst sich in Richtung Herzen auf und kann bis zu 20 Min. andauern (alle Energiekanäle und die Zellatmung versiegen), das Herz pendelt wie eine Standuhr/monotoner Takt, die Gesichtszüge entspannen sich, die Handmuskeln lösen sich, der Gestorbene ist noch für Worte erreichbar.

3.3. Nichtwissen und sich dem Heiligen überlassen
- Spiritualität als Basis des Lebens

Intro
Sterben und Tod ist eine Lebensphase, wo wir alle fast aus-
nahmslos mit dem Thema Glaube und Religion in Kontakt
kommen. Ich möchte dieses zentrale Thema in Verbindung mit
dem Sinn des Lebens weniger unter dem Blickwinkel der einzel-
nen Religionen und Glaubenssysteme betrachten, sondern auf
die tiefer liegende Dimension, auf die alle Systeme verweisen,
eingehen: auf den Menschen als ein spirituelles Wesen.
Mich bewegen dazu v.a. Aussagen von zwei bekannten spiritu-
ellen Denkern/Meistern/Lehrern:
Vom Dalai Lama mit seiner Aussage und Titel eines gleichnami-
gen Buches: Das Herz aller Religionen ist eins (Herder Spektrum
TB 2014).
Vom Zen-Meister und christlichen Mystiker Willigis Jäger mit
seinem Bild, dass die Religionen wie Kirchenfenster sind, durch
die das EINE Licht scheint. In seinem Sinne ist es fatal die Kir-
chenfenster für das „wahre" und EINE Licht zu halten. Dieses
Licht lässt alle Fenster überhaupt erst erstrahlen, während das
EINE Licht jenseits aller „Kirchenfenster" liegt.
Aus dieser Sichtweise heraus sind die folgenden Ausführungen
entstanden.

In der Sterbebegleitung bildet die spirituelle Ebene eine der vier Säulen der Hospizarbeit neben der körperlichen, der psychischen und der sozialen Ebene. Wenn ich von Präsenz, Authentizität und Zuversicht[29] spreche, so haben alle die damit verbundenen Inhalte eine enge Beziehung zu einer spirituellen Sichtweise auf das Leben. Angesichts des Themas Vergänglichkeit, Sterben, Tod, Trauer kommen wir alle mit den grundlegenden Sinnfragen unseres Lebens in Kontakt sowie mit Fragen von Glauben, denen sich alle Religionen bis hin zu den indigenen Kulturen „verpflichtet" fühlen, um den Menschen eine Orientierung im Leben zu bieten.

Zur Einstimmung:
Nun ist es schwer, in dem vielfältigen Angebot von spirituellen Ausrichtungen einen Weg für sich zu finden. Insofern möchte ich zunächst einmal anbieten, sich anhand der folgenden Aussagen der eigenen Gedanken und Sichtweisen bewusster zu werden.

Nehmen Sie sich Zeit inne zu halten und jede der folgenden Aussage auf sich wirken zu lassen und beobachten Sie die aufsteigenden Gedanken und Gefühle, denken Sie Sie aber nicht weiter.
- Spiritualität berührt die großen Fragen des Lebens als da sind.....
- Spiritualität ist ein „Hoheitsgebiet" der Religionen
- Spiritualität ist eng mit dem Glauben an ein „vor der Geburt" und „nach dem Tod" verbunden
- Spiritualität berührt alles das, was nicht messbar, zählbar, sichtbar, materialistisch ist

---

[29] Vgl. Pkt. 2.2.

- Spiritualität ist die zeitlose Verbindung mit dem Mysterium von Geboren, Leben und Vergehen, Religion ist die zeitgebundene Lebens- und Welterklärung dazu
- Spiritualität beschreibt eher die esoterische Form einer Religion[30], d.h. ist Teil der inneren Wege der großen monotheistischen Religionen (Mystik – Christentum, Kabbala – Judentum, Sufismus – Islam)
- Spiritualität ist das dem Menschen eigene Bedürfnis mit etwas Größerem als sich selbst verbunden zu sein, mit etwas, das man als göttlich oder außerordentlich erhaben empfindet
- Spiritualität ist eine Lebensweise, die jeden Moment des Lebens beeinflusst und einbezieht. Sie ist sowohl eine kontemplative Haltung, eine Neigung im Leben in die Tiefe zu gehen, als auch die Suche nach einem höheren Sinn, einer Richtung und Zugehörigkeit

Spiritualität aus meiner Sicht – ein Versuch und Angebot
Spiritualität berührt die Fragen, was hält mich, woran glaube ich, gibt es etwas im Leben, was für mich heilig[31] ist auf einer Ebene jenseits des Verstandes. Zwar habe ich diese Fragen schon einmal unter dem Aspekt der Haltung und der Ausrichtung auf Weite und Zuversicht[32] angesprochen. Hier möchte ich sie in einen Zusammenhang stellen, der die Oberfläche unseres kognitiven, reflektierenden Begreifens verlässt.

---

[30] Exoterisch meint die Ausrichtung auf externe Bilder/Symbole/Heilige wie das Kreuz, Jesus am Kreuz, Statuen und Ikonen, heilige Schriften
[31] Das Heilige ist an sich schon herausfordernd in unserer Zeit offen zu denken. Denn was ist uns mit unserem modernen Weltbild noch heilig? Was würde ich noch für mich als heilig beschreiben, wie fühlt sich das überhaupt in mir an, wären Fragen, denen einmal in Stille nachzuspüren wären.
[32] S. hierzu die Kapitel 2.1. und 2.2.

Die Auseinandersetzung mit Sterben und Tod öffnet sozusagen ein Tor in unserem Oberflächenbewusstsein und bietet uns die Chance, tiefere Fragen zum Leben und unseres Daseins in dieser Welt zu erforschen und einen anderen Halt jenseits des Materiellen zu finden, als Individuen wie auch als soziale Wesen, was wir alles zugleich sind.

Betrachten wir die spirituelle Dimension in einem Bild: Sie ist wie das Netzwerk und Geflecht unter der sichtbaren Oberfläche von Einzelwesen/Individuen, wo wir alle verbunden sind, uns halten und stützen. Dieses Netzwerk ähnelt dem unterirdischen Netzwerk der Bäume und der Pilzgeflechte, wie sie in den Kulturen des Waldes das Leben prägen.[33]

Angesichts der Vielfalt von Definitionen und langen Ausführungen, die auf dem jeweiligen religiösen Hintergrund ihrer Autor_innen getroffen werden, habe ich für mich einen persönlichen Versuch gestartet, Spiritualität zu fassen:

- Ich akzeptiere ein Mehr an Sein als das, was mir über das Materielle und Sichtbare zugänglich ist. Ein Sein, das nicht durch die Punkte Geburt und Tod begrenzt ist und sich dem rationalen, kognitiven Geistdenken entzieht.

- Ich fühle mich einer tieferen Ebene von Sein verbunden, die mich wie eine alte Sehnsucht nach einem sicheren Zuhause begleitet, nach einem alles verbindenden Grund von Harmonie, Gleichgewicht, Eins-Sein, All-Eins-Sein. Dieses Sein hat viele

---

[33] Peter Wohlleben, Das geheime Leben der Bäume, Tb Jan 2019

Namen: das Übernatürliche, was unsere derzeitige Beschränktheit bzgl. des Begriffs Natur ausdrückt; das Göttliche, um dem Unaussprechlichen einen Namen zu geben; das Spirituelle, um auf die andere Geistqualität jenseits des Kognitiven hinzuweisen.

- Ich sehe im Leben zwischen Geburt und Tod einen Sinn[34] jenseits der herrschenden materiellen Ideale und individuellen Besonderheitsphantasien von Auserwählt-Sein bis hin zum Ausgestoßen-Sein. Der Sinn ist eine lebenslange Reise und folgt vielleicht einem tieferen Lebensplan, der sich mir im Laufe meines Lebens in einer Rückschau aufgrund meiner Erfahrungen und Reflexionen erschließt. Durch religiöse oder meditative Praxis unterstütze ich diese Reise und lasse sich den weiten Raum des Seins offenbaren. Ich mache das Herz wieder zum Mittelpunkt meines Lebens.

Spirituell sein ist für mich ein zutiefst innerlicher individueller Prozess auf der Basis, Wandlung und Transformation als Grundbedingungen von Leben anzuerkennen. Es ist ein Prozess, den ich all-ein zu gehen habe, in der mich die Gemeinschaft beim Wachsen stützt. Denn viele im Gleichgesinnten verbunden schaffen ein kollektives Energiefeld, was weit über die Energie des Einzelnen hinausgeht.

Spirituell zu sein heißt für mich neben dieser Dimension aber auch, das Wirken nach Außen nicht zu vergessen, mir der Verantwortung zum Handeln bewusst zu sein, „im

---

[34] S. Kap. 1

Leben zu stehen" und dies auszurichten an einem Dialog von Verstand, Herz und Handlung. Ein spirituelles Leben bewegt sich für mich in zwei Bahnen:

- Im Weg nach innen, z.b. des Allein-Seins in der Kontemplation und des phasenweisen Rückzugs in die Stille, um sich die Zeit und Muße zu nehmen, meine Motive zu hinterfragen, die mein Handeln leiten und mein Handeln selbst zu untersuchen,
- und im Weg nach außen durch Dialoge und Begegnungen, in denen Verstand, Herz und Hand zusammen fließen können..

Für mich treffend dies fasst Wayne Teasdale in seinem Buch „Das mystische Herz" (2004) dies so zusammen: „Spiritualität ist eine Lebensform, die jeden Moment des Lebens beeinflusst und einbezieht. Sie ist sowohl eine kontemplative Haltung, eine Neigung im Leben in die Tiefe zu gehen, als auch die Suche nach einem höheren Sinn, einer Richtung und Zugehörigkeit. Der spirituelle Mensch hat sein inneres Wachstum zum vorrangigen, fortwährenden Lebensziel gemacht. Spirituell zu sein, verlangt von uns, auf eigenen Beinen zu stehen, während wir in unserer Tradition genährt und unterstützt werden." (S. 40/41)

Spiritualität und das „Geheimnisvolle"
Spirituell zu sein, scheint gleichzeitig mit einem Geheimnis umgeben zu sein. Ein Grund dafür ist sicherlich, dass es zu sehr von unserem gewohnten Denken abweicht und wir nach wie vor einem alles durchdringenden naturwissenschaftlichen Weltbild folgen. Dies hält uns in einem

Bewusstsein gefangen, was auf das Nachweisbare, Sichtbare, Beherrschbare, Quantifizierbare und Kontrollierbare
fixiert ist. Wir haben es verlernt, uns in anderen Bewusst-
seinsdimensionen zu bewegen bzw. diese zu einer Reife
zu entwickeln, die vereinbar sind mit der Entwicklung
unserer kognitiven Fähigkeiten. So haben sich viele von
uns irgendwann – oft beginnend mit der Pubertät
und/oder der Entwicklung des rationalen Denkens - von
den kirchlichen Institutionen und auch den christlichen
Wurzeln unserer religiösen Sozialisation abgewandt. In
den teilweise magisch-mythischen Gottesvorstellungen[35],
den Auslegungen der Bibel als reale historische Ereignisse, den exoterischen Ritualen und Symbolen der Instituti-
on Kirche, u.ä. sind für viele keine Antworten und kein
Halt mehr für die Fragen an das Leben zu finden.

Die neuen spirituellen Bewegungen bieten dagegen oftmals einen esoterischen = erfahrungsbezogenen inneren
Weg an: durch Meditation, Kontemplation, sakralem
Tanz, Mantra-Singen, u.ä. Es ist dies auch der Weg der
Mystik, die in jeder Religion[36] ihren Platz hat(te). Sie be-
kommt eine neue Bedeutung und Anziehungskraft.
Seit den 70iger Jahren entwickelt sich hier zunehmend
eine neue Suche. Sie ist geprägt von unterschiedlich in-
tensiver Selbstverpflichtung zu Disziplin und Übung und

---

[35] Es gibt eine Instanz – meist mit menschenähnlichen, personalen Zügen -
außerhalb des Menschen, die richtet, straft und belohnt, Wunder vollbringt,
Unheil über die Menschen bringt usw. Durch Rituale, Gebete, Wohlverhalten
usw. kann der Einzelne diese Instanz beeinflussen und richtet an ihren Geset-
zen sein Leben aus.
[36] im Islam die Sufis, im tibetischen Buddhismus die Praxis des Dzogchen, im
Christentum die Kontemplation, im Judentum die Kabbala, im japanischen
Buddhismus das Zen

dem Ausgerichtet-Sein auf die Gedankenleere, den ruhigen Geist, die Erfahrung auf das Erlebnis des Sich-Eins-Fühlens mit allem Leben. Ihre zentrale Praxis sind die Meditation und Kontemplation[37], teilweise die Suche nach einem spirituell Lehrenden. Was dieses Unterfangen oftmals wenig dauerhaft und anstrengend macht, ist unsere Herangehensweise: wir versuchen etwas zu erreichen, was wir willentlich, in zeitlich benennbarer Dauer und durch noch so große Anstrengung nicht herbeiführen können. Unser „normales" Denken hält uns mit seiner Leistungsträgermentalität fest im Griff von Kontrolle und Zielzwanghaftigkeit. So denken viele, dass mit entsprechenden Methoden die „Erleuchtung" schon zu erreichen sein muss oder zumindest im Sinne einer Selbstoptimierung mehr Ruhe im Denken und weniger Stress im Körper eintreten sollten.

Kernelement dieses inneren Weges ist aus meiner Sicht eine Haltung sich dem Nichtwissen und dem Heiligen zu überlassen[38],d.h. von Etwas, was unser gewohntes mentales Denken und unser Ich-Verständnis vor große Herausforderungen stellt, Widerstände und Irritationen hervorruft.

Was in diesen Worten m.E. sehr schön zum Ausdruck kommt, ist, dass wir uns erst einmal Erfahrungen aussetzen müssen auf dem spirituellen Weg, die uns in den Bereich des Nicht-Wissens[39] führen. Das schaffen wir v.a.

---

[37] Diese Begriffe führe ich hier nicht weiter aus, weil es den Rahmen aufgrund der Vielfalt der Formen sprengen würde

[38] Auch dies wieder Worte des Zen-Lehrers Frank Ostaseski

[39] Nicht-Wissen meint nicht, nichts zu wissen. Es versucht eine Dimension jenseits des kognitiven Wissens begrifflich zu erfassen und entstammt den esoterischen Zweigen der religiösen Traditionen

über den Weg ins Vertrauen und in einer Haltung der Hingabe und Demut. Wir nähern uns einer anderen Dimension als der, in der wir gewohntermaßen leben, die uns unbekannt geworden ist. Wir müssen von unserer gewohnten Haltung loslassen, um einzutauchen in das „Geheimnis" des Seins, des Lebens an sich.

Wie stehen diese Aussagen in Verbindung zur Sterbebegleitung?
Zentrale Elemente in der Begleitung von Sterbenden hier noch einmal kurz in Erinnerung rufen. Der Sterbeprozess ist wie kein anderer Prozess in unserem Leben[40]

- ein Wandlungsprozess aller-Ebenen unseres Seins: physisch, emotional, geistig, sozial
- ein Prozess der Lösung vom Äußeren, von Dingen wie Besitz, Rolle, Funktion, Menschen und dem eigenen Körper hin zu einem Innerlich-Werden und der Frage, wer/welche bin ich, wohin gehe ich....
- ein Transformationsprozess hinein ins Geistige, ein Weg in eine andere Welt, der sich oftmals für Außenstehende symbolhaft beim Sterbenden äußert: in Gebeten, der Wiederentdeckung des eigenen Glaubens, in symbolhaften Formen...
- ein Prozess, in dem der Kopf als steuerndes Element des kognitiv rationalen Geistes zurücktritt und das Herz als offener, hingebungsvoller Geist, nicht wissend, vertrauend, im Jetzt lebend in den Vordergrund tritt.

---

[40] Vgl. hierzu auch Kapitel 3.2

Die dazugehörige Haltung meint

- da sein mit einem offenen Geist
- die eigenen Geschichten in den Hintergrund treten lassen und dem sterbenden Menschen zur Seite stehen (neben ihm, nicht hinter und nicht vor ihm hergehend)
- das Herz öffnen ohne Vorbehalte für das, was die sterbende Person möchte
- Offenheit, Authentizität, Präsenz zeigen, sich einlassen auf den anderen Menschen, die eigenen Worte und guten Ratschläge loslassen. Wir kontrollieren nichts, wir planen nicht vor, wir warten, ... sind da,... wir schweigen und nehmen hin, ...es geschieht, was geschehen soll. Wir nehmen mit dem Herzen wahr!

Diese Haltung in der Sterbebegleitung enthält also viele Elemente, die auch den spirituellen Weg charakterisieren. Den Begleiter_innen eines Sterbenden bietet sich so die große Chance, ein Stück des Weges der Wandlung mitzugehen.

Übungen auf dem Weg
Mit entsprechenden Übungen können wir den Transformationsprozess des sterbenden Menschen, den er ohnehin durchlaufen muss, durch unsere innere Haltung unterstützen. Wir versuchen durch Übungen das Energiefeld für den Kontakt mit der spirituellen Dimension so groß wie möglich werden zu lassen, um den Loslösungsprozess des sterbenden Menschen von seiner physischen Hülle zu erleichtern. Dabei schaffen wir für uns selbst die Möglich-

keit, die Ebene zu wechseln und ein Stück Transformation für sich selbst mit zu gehen.

Spirituell begleiten ist in einem engeren Sinne gefasst eine Begleitung im ruhigen Verweilen und Versenken in sich selbst, im Schweigen oder im Gebet, Singen, Lesen „heiliger" Texte. Es geht darum, der innere Raum zu sein für die Kräfte des Seelisch-Geistigen, da zu sein, damit die Kräfte aus der spirituellen Dimension – so möchte ich das Energiefeld einmal nennen - ihre Wirkung und Aufgabe erfüllen können: den Übergang für den Sterbenden so leicht wie möglich zu machen.

Vielleicht ist so auch zu verstehen, weshalb viele Begleiter_innen die Sterbebegleitung als eine persönliche Bereicherung empfinden, Dankbarkeit verspüren und einen Zugewinn an Kraft, Vertrauen und Zuversicht erfahren. So steckt in jeder Begleitung auch die Chance auf eine persönliche Entwicklung des/der Begleiter_in.

Vorbereitende Übungen:

- ich treffe bewusst die Entscheidung, in diesem Moment ganz hier zu sein – gegenwärtig, nicht abgelenkt durch die „Dinge da draußen" oder eigene Geschichten im Kopf und entspanne mich.
- in einem weiteren Schritt verbinde ich mich über meine Füße mit der Erde, verwurzele mich sozusagen, da wo ich bin/sitze/stehe…
- als wichtigstes Hilfsmittel, um für uns in das ruhige Verweilen/ in die Stille zu kommen, widme ich mich der Beobachtung des eigenen Atems. Die Aufmerksamkeit auf das Ein- und Ausströmen der Atmung zu legen, befreit von dem ständigen Gedankenstrom im Kopf

- ich stimme mich dann auf den sterbenden Menschen ein, wenn möglich mit geschlossenen Augen, in dem ich seine Atmung beobachte[41]. Ich erspüre, wie es ihm gerade geht, evt. beobachte ich ihn aber auch mit einem weichen Blick, der nicht fokussiert sondern eher wie ein Weitwinkelobjektiv „weit" gestellt ist.

So vorbereitet kann ich mit einer Praxis für den sterbenden Menschen beginnen, die jede/r Begleiter_in aus ihrem jeweiligen Glaubenskontext oder im Wissen um den Glaubenskontext des sterbenden Menschen ausführt. Die hier vorgeschlagenen Elemente sind ein Angebot:

1. Übung: die eigene Ausatmung an ein Wort binden und diese Kraft dem Sterbenden zufließen lassen (z.B. Liebe, Licht, Friede, Ruhe., das, was als mögliches Bedürfnis des Sterbenden intuitiv wahrgenommen werden kann)

2. Sich in ein Gebet oder Wortmantra versenken (nur innerlich oder wenn man sich sicher ist, dass der Sterbende diesem zustimmt, auch leise gesprochen, z.B. Christus erbarme dich unser, o.ä.)

3. Meditation der liebenden Güte (aus dem Buddhistischen) – eine einfache Version:
   - sich vorbereiten wie oben beschrieben
   - die Verkörperung von Liebe vor sich im Raum anrufen (Buddha, Christus, Licht.....)

---

[41] Ich rate nicht dazu, die Atmung des Sterbenden nachzuvollziehen. Denn sie nimmt Formen an, die dem Ablösungsprozess des sterbenden Körpers angemessen sind. Wir aber „leben" im Diesseits, wo diese Atemfrequenzen nicht hingehören.

- das eigene Herz sich mit dieser Liebe und Präsenz füllen lassen und
- der sterbenden Person Sätze zufließen lassen wie: Mögest du den Raum von Liebe und Licht spüren – mögest du dich sicher fühlen – mögest du Vertrauen in das Licht haben.
- eine Zeit lang diese Sätze wiederholen – die eigene Intuition dazu in sich wirken lassen, v.a. die eigene Aufmerksamkeit beobachten (der Gedankengeist macht sich gerne selbstständig)
- eine Vorstellung aufbauen, dass die andere Person die Sätze und die Liebe empfangen hat und glücklich ist.
- in diesem Bewusstsein verweilen und dann den formellen Aspekt der Praxis auflösen, sich bedanken.

Mögen diese Übungen Ihnen hilfreich sein und Sie an der Seite des Sterbenden stärken!

Drei Birken
Aus einer Wurzel kommend
Körper – Seele – Geist
Streben sie als Einheit himmelwärts
Wächter des alten Steinkreises

4. Trauer ist ein Lebensthema für jeden Menschen

Jeder Lebensweg ist gesäumt von Abschieden und Verlusterfahrungen: vom Verlassen des Mutterschoßes, des Elternhauses, der Heimat, dem Abschied aus Beziehungen und Freundschaften, dem Verlust von Mitmenschen bis hin zum eigenen Sterben.

Trauer ist die natürliche und heilsame Antwort des Menschen auf all jene äußeren (Trennungen, Tod von Mitmenschen) und inneren Verlusterfahrungen (Abschied von Zielen, Idealen, Lebensplänen, Hoffnungen, Rollen und Orientierungen).

Wenn Lebensgründe (nahestehende Menschen, Lebensinhalte...) aufgegeben werden müssen, löst dies grundsätzlich eine Identitätskrise aus, die durch gelebte Trauer in ihrem Schmerz bewältigt werden kann, um „neu" zu werden.
Trauernde befinden sich im Übergang zu einer neuen Identität.

Es geht im Trauerprozess insbesondere nicht darum, die Trauer zu überwinden oder endgültig zu bewältigen. Denn – wie Frank Ostaseski[42] es sinngemäß treffend ausdrückt - wer würde schon verlangen, dass wir die Kehrseite der Medaille, die Freude, jemals überwinden sollten?! Es geht darum die Trauer zu leben, mit ihr zu sein wie mit einem/einer guten FreundIn. Sie ist ein notwendiger Pro-

---

[42] Vortrag auf dem Kongress Sterben und Tod, München 1996

zess der Neuorientierung, des Aufbaus einer neuen Beziehung zu der durch den Verlust veränderten realen Lebenssituation.

Trauer ist ein notwendiger Bestandteil des menschlichen Wachstumsprozesses und als solche lebensbegleitend, eine Verarbeitungs- und Umgangsform zur Lebensbewältigung.

Perspektiven auf Trauerprozesse
Ich möchte im Folgenden meine Ausführungen rückbeziehen: zum einen auf Aussagen aus einer buddhistisch geprägten Sichtweise und auf Aussagen aus einer westlich geprägten bzw. der aktuellen Trauerliteratur entnommenen Sichtweise.
Eine buddhistische Sicht aus einem Vortrag von <u>Frank Ostaseski</u>: Wir können nichts loslassen, was wir nicht in uns eingelassen haben[43]

> Trauer ist eine gemeinsame Leiderfahrung aller Menschen, somit charakterisiert die Trauer - als kollektive Erfahrung - das Prinzip der Verbundenheit. Dem gegenüber steht oft die individuelle Erfahrung von Trauer als ein Gefühl vollständiger Isolation.
> *„Trauer ist der uns verbindende Grund!"*

> „Wenn wir uns unserer Trauer verschießen, uns in unser Herz zurückziehen, entziehen wir uns der Verbundenheit mit den Menschen um uns herum.

---

[43] Ich habe die wesentlichsten Aussagen aus dem diesem Vortrag hier zusammengetragen, s. Fußnote 42

Wenn wir zu unserer eigenen Trauer reisen, wird dies eine Reise in die Welt und damit zur Schwelle der Freude hin."

Trauer sind die ungelebten Anteile in uns, v.a. mehr über das, was wir noch nicht bekommen haben, als über das, was wir bereits verloren haben.

Trauer ist ein Gefühl der Unvollständigkeit; sie erinnert uns an den Schmerz von Nicht-Akzeptanz durch andere, an das, wo wir nicht wahrgenommen worden sind.
Trauer äußert sich als Wut, Angst, Selbstverurteilung, Scham....
Trauer ist ein Gefühl von Wut und Verzweiflung über eine Welt, wo Mitgefühl so selten ist.

Trauer ist unser Verlust an Vertrauen, ist unsere Ermüdung und Erschöpfung.
Trauer ist die Antwort auf unsere Sorglosigkeit im Umgang mit anderen, wenn wir sie verletzt haben.

Ein ganz eigener Aspekt der Trauer ist die Phase der Dumpfheit, einer Beneblung getragen von dem Gefühl vollkommen isoliert und getrennt- zu sein.
Trauer sollten wir daher nicht ausgrenzen, sondern als Lebens-Former betrachten.

Mit jedem Verlust aktiviert sich alle Trauer in unserem Leben, d.h. unsere alltägliche Trauer tritt ins Bewusstsein.

Heilung kann nur geschehen, wenn wir erkennen, dass Trauer da ist, um unser Leben zu transformieren.

Erst wenn wir unsere Trauer annehmen, in der Trauer verweilen, ohne Druck von außen und ohne uns selbst Druck zu machen, kann Heilung erfolgen. Mut spielt in diesem Prozess eine zentrale Rolle: er schafft die Basis für Vertrauen, wenn wir unseren Schmerz ansehen, denn hierin liegt die Wiege für unser Mitgefühl.

Mit unserer Trauer umzugehen, ist eine Praxis des Mitgefühls.
Trauerbegleitung kann daher nur mit Mitgefühl geschehen, wenn wir unsere eigenen Wunden und unsere eigene Trauer angesehen haben.

„Die Mauer um unser Herz ist die Ansammlung all unserer Trauer. Sie macht uns zu Mitgliedern im Club der Selbstverurteilenden: Da müsste ich doch längst drüber weg sein....."

„Jeder von uns hat seine Trauer, wir müssen ihr mit Vergebung begegnen. So können wir auch der Trauer anderer begegnen und das, was uns bisher getrennt hat voneinander, wird uns dann verbinden."

Aus unserer westlich geprägten Sicht möchte ich <u>Franco Rest</u>[44] zur Wort kommen lassen (Vortrag März 2003, Kinderhospiz Balthasar). Er unterscheidet zwischen:

---

[44] Zur weiteren Informationen über diesen bekannten deutschen Sterbeforscher der link zu seiner Website http://francorest.de/

- einer vorauseilenden
- einer begleitenden und
- einer nachgehenden Trauer.

„Unter vorauseilender Trauer verstehen wir vor allem die Auseinandersetzung mit Sterben, Tod, Verlusten, Liebe und ihren Enttäuschungen, Trennungen, Abschied usw. von der vorgeburtlichen Zeit bis weit nach dem Tod. Diese vorauseilende Trauer leistet jeder jetzt, indem er sich mit Fragen des Sterbens, des Todes und möglicher Trennungen auseinandersetzt.

Begleitende Trauer ist gegenüber dieser vorauseilenden Trauer eigentlich mit dem Sterbebeistand identisch; denn in der Begleitung komme ich ohne Trauer nicht aus. Und der Sterbende selbst erlebt sich als ein Abschiednehmender, ein Trauernder. Seine Trauer, die in der Begleitung mit meiner Trauer zusammenfließt, bilden eine Einheit und wirken aufeinander ein. Die Trauer des Sterbenden prägt mein Trauerwerk mit.

Die Trauer zusammen mit dem "Objekt" der Trauer ist ein Beitrag zur Gestaltung der nachgehenden Trauer. Wenn die Partner in der Sterbebegleitung erfahren dürfen, dass schließlich „nichts mehr zwischen ihnen war", wie es eine Ehepartnerin ausdrückte, so ist das Ergebnis ein völlig anderes neues Weltkonzept des Hinterbliebenen, als wenn die nachgehende Trauer davon gekennzeichnet ist, dass Vieles unaufgearbeitet und unerledigt liegen geblieben war."

Exkurs : Phasenmodelle als Krisenbewältigungsstrategien
Ich möchte an dieser Stelle noch eingehen auf eine spezielle Form westlicher Betrachtung bzw. Verarbeitungsweise im Umgang mit Krisen bzw. Sterben, Tod und Trauer: das Phänomen

der sogenannten Phasenmodelle.[45] Ich stehe diesen Modellen etwas zurückhaltend gegenüber. Sie sollten unter folgenden Bedingungen ihren Platz in unserem Denken einnehmen:

1. wir brauchen diese Modelle angesichts unserer kulturell bedingten Unfähigkeit mit unkalkulierbaren Ereignissen, der Ungewissheit des Lebenslaufes und der Vergänglichkeit umzugehen. Sie vermitteln uns ein Gefühl von Handlungsfähigkeit und Sicherheit, bedrohliche Ereignisse zu bewältigen.

2. Sie bergen allerdings durch die Wortwahl und Definition des Begriffs Phase die Illusion in sich, dass etwas gradlinig und in empirisch gesicherten Bahnen verläuft. Das eher zyklische Geschehen, was unserem Leben innewohnt, unterliegt so einer vermeintlich linearen Stufenfolge und suggeriert Kontrollierbarkeit dieses Prozesses.

Deshalb möchte ich auf die inzwischen in der Sterbe-und Trauerbegleitung einhellige Meinung hinweisen, die Phasenmodelle weniger als lineare Aufeinanderfolge von Zuständen zu sehen, sondern als das Nebeneinander unterschiedlicher Gefühlszustände und Erscheinungen auf körperlicher wie seelisch-geistiger Ebene. Sie existieren „zeitlos", d.h. sie sind mal mehr mal weniger präsent, aktivieren sich in neuen Krisensituationen immer wieder neu und bleiben meist Begleiter_innen des gesamten Lebens. Sie sind Stadien auf einem Weg des Wachstums, den jede/r durchläuft, ohne jedes Stadium an sich oder in Gänze durchlaufen zu müssen.

In diesem Sinne finde ich angelehnt an eine Zusammenstellung von Monika Müller und Matthias Schnegg[46] und Roland Kach-

---

[45] Die bekanntesten sind das von Elisabeth Kübler-Ross für die Sterbebegleitung und das von Verena Kast für die Trauerbegleitung

[46] Monika Müller/Matthias Schnegg: Unwiederbringlich – vom Sinn der Trauer, 1999

ler[47] zum Verstehen von Trauer folgende Dimensionen/Stadien hilfreich:

Schockzustand – sinnvolle Verleugnung
es ist ein Zustand des Selbstschutzes, weil die menschliche Seele nicht alles zum gleichen Zeitpunkt erträgt, es ist sozusagen ein Selbstregulativ der Seele. Er kann sich äußern in körperlich sich manifestierenden Formen z.b. einem In-Ohnmacht-Fallen, eines geistigen Betäubtseins ebenso wie in der Verdrängung als Form des seelischen In-Ohnmacht-Fallens. Hilfreich kann sein, den Verstorbenen noch einmal bewusst zu sehen und zu betrachten. Oft gibt es einen Rhythmus von Annäherung und Wegschauen.

Aufbrechende Gefühle
- viele unterschiedliche und widersprechende Gefühle suchen sich Raum in einem schnellen Wechsel – Menschen geraten außer sich und sind selbst oft erstaunt hierüber, geraten in Zweifel an ihrem Normal-Sein
- v.a. das Thema Schuld greift sich Raum in Form alter Schuldprobleme oder in Form neuer Zuschreibungen, was alles noch hätte gesagt oder getan werden können
- aber auch Gefühle wie Liebe, Sehnsucht, Mitgefühl treten in intensivierter Form auf

Bewegung des Suchens und Findens
Die Beziehung zum Verstorbenen aufrechterhalten durch neue Formen der Beziehungsgestaltung:
- Aufsuchen alter Orte gemeinsamen Erlebens,
- den Alltag im Rhythmus eine Zeit beizubehalten, wie er mit dem Verstorbenen war,
- Versuche, den Verstorbenen „wieder" zu entdecken, in den eigenen Gedanken...

---

[47] Roland Kachler, Meine Trauer wird dich finden, Kreuz Verlag 2005

Prozess des Integrierens und Transformierens
- die Erinnerung wird ein fester Bestandteil in der eigenen Person, zu der der/die Trauernde selbstbestimmt jederzeit zurückkehren kann, die ihren Platz im Kopf und durch Symbole/Rituale im Alltag hat
- das Durchschreiten des Bisherigen stärkt die eigene Persönlichkeit in dem, was sie bewältigen kann, was sie an neuen Erkenntnissen über sich gewonnen hat, evt. dass ehemalige Fähigkeiten des Verstorbenen übernommen werden.
- „Du bist und bleibst ein Teil von mir, aber meine Liebe darf sich auch anderen Dingen zuwenden." (Kachler)
- es ist ein Boden bereitet, auf dem es sich verändert weiterleben lässt.

Mit Trauer leben – was ist wichtig
Trauer ist immer seelische Schwerstarbeit. Es bedarf einer gewissen inneren Stärke, sich die Gefühle von Leere, Verzweiflung, Schuld, Sinn-, Hoffnungs- und Mutlosigkeit einzugestehen. Für Trauernde ist daher ein tragender Grund[48] bzw. eine Bindung[49], an der sie sich festhalten können, wichtig, um das emotionale Chaos der Trauer zu wagen.

Um Trauer zu leben, müssen wir ihr Ausdruck geben, sie fließen lassen. Kapseln wir sie innerlich ein, manifestiert sie sich wie alle unterdrückten Gefühle irgendwann oder sehr direkt auf körperlicher Ebene. Die Trauer lebt in uns, in unserem Körper und kann sich im negativen Fall in psychosomatischen Beschwerden äußern (verflachte At-

---

[48] S. hierzu die Aussagen unter Pkt. 2.1.
[49] S. hierzu Aussagen unter Pkt. 2.3, v.a. die Beziehungen zu „Lebenden"

mung, Verspannungen, Ängste...) oder sich zu einer verminderten seelischen Empfindungsfähigkeit auswirken (das nennt Ostaseski die Dumpfheit der Trauer, wo alle Gefühle gedämpft erscheinen, man neben sich zu stehen scheint) bis hin zur Depression als Form verkomplizierter Trauer, die therapiebedürftig werden kann.

Vielfach meinen Trauernde bzw. ihre „Umwelt", dass ein Ziel von Trauerarbeit das Loslassen des verstorbenen Menschen ist, dass irgendwann dieser Mensch soweit in den Hintergrund rückt in der Wahrnehmung seiner Angehörigen und Freund_innen, dass alles so erscheint wie „früher". In den Hintergrund geraten dabei allerdings zentrale Gefühle wie die Liebe zu dem verstorbenen Menschen, die Sehnsucht als eine Kraft, diesen Menschen nicht einfach zu vergessen, und das Mitgefühl, z.b. für den Leidensprozess/das Schicksal des Verstorbenen. Gerade diese Gefühle bieten die Basis, die Beziehung zu einem verstorbenen Menschen auf eine neue Ebene zu heben, die um den physischen Verlust weiß und eine neue geistig-seelische Verbindung aufbauen hilft. Diese Gefühle sind ebenso ein Ausdruck der Trauer und brauchen ihren Ausdruck.

Trauer bewirkt Wandlung und bereitet den Boden für Neues. Erst durch die Trauer um den Verlust, weitet sich der persönliche Horizont. Ohne ein Sich-Hineinbegeben in die Trauer gerät die Entfaltung des Lebens ins Stocken. Fixierungen und Sicherheitsstreben breiten sich aus und verengen unsere Sichtweise. Ohne schmerzliche Erfahrungen werden irreführende Illusionen nicht erfahrbar und erkennbar.

Das Zulassen der Trauer ermöglicht der trauernden Person zu erfahren, wie bedeutsam etwas für ihr Leben war und auch in Zukunft sein wird.

Trauer braucht viel Zeit... und die Zeit heilt nicht alle Wunden. Es gibt <u>keine</u> Zeitvorgaben für das Trauern.

Jede/r trauert anders und jeder Trauerprozess verläuft anders.
Es gibt keine (Be-)Wertungen, was erlaubt und unerlaubt ist!

So geht es im Trauerprozess – zusammengefasst gesagt - um 4 Aufgaben:
- eine erste Aufgabe besteht darin, die Realität, die mit dem Verlust eingetreten ist, anzuerkennen.
- eine zweite Aufgabe ist es, den Abschiedsschmerz aktiv zu durchleben mit allen seinen Gefühlen: den negativen wie Wut, Ohnmacht, Schuld, Verzweiflung, aber auch den positiv besetzten wie Liebe, Mitgefühl, Sehnsucht...
- eine dritte Aufgabe besteht darin, zu verinnerlichen, was geschehen ist, es in sein eigenes Inneres ein-zu-lassen und
- eine vierte Aufgabe besteht darin, die eigene Identität um das Erfahrene zu erweitern:
- sei es, die Beziehung zu einem verstorbenen Menschen auf einer geistig seelischen Ebene neu zu definieren,
- sei es, den Gewinn aus dem Verlust durch neue Fähigkeiten zu sehen,
- sei es um die innere Sicherheit zu spüren, die um das Erlebnis weiß und die weiß, dass diese Erfah-

rung immer wieder präsent werden wird, sobald wir mit anderen Verlusten konfrontiert wird... und das dies alles in Ordnung ist.

Wie können wir uns selbst in unserer Trauer und damit auch anderen Menschen in ihrer Trauer begegnen? Trauernde sind im Allgemeinen zunächst weniger bis gar nicht in der Lage auf andere zuzugehen. Es ist wichtig, auf sie zuzugehen.

Trauernde haben ein feines Gespür für die Echtheit dessen, wie sie getröstet werden wollen. Nichts ist schlimmer als leere Worte und Floskeln (das wird schon wieder, das haben wir alle schon durchgemacht, usw.). Mit ihnen werden die „Verlassenen" ein zweites Mal verlassen, dieses Mal von dem, der sich so äußert.

Trösten ist ein Mitgefühl, das in jeder Situation neu zu bemessen ist. Es gibt Situationen, in denen Trost vermessen ist.

Trauernde brauchen Zeit und Freiräume, in denen sie ihrer Trauer freien Fluss lassen können. Es tut ihnen gut, sich die Erlaubnis zu geben - und sie auch von ihrer Umgebung zu bekommen-, alle Gefühle zuzulassen und sie aktiv zu durchleben.

Trauer ist ein Schmerz auf der Herzensebene und nicht auf der Ebene des Verstandes. Hilfreich ist vielleicht die folgende Gegenüberstellung:

Herzensgeist	Verstandesgeist
Prinzip Verstehen und ansehen	*Prinzip* Begreifen und verarbeiten
auf den Füßen stehen verbunden mit der Erde, geerdet in mir sein da-sein, gegenwärtig im Jetzt	mit den Händen greifen verbunden mit Aktivität/Handeln in den Raum hinein gehen Konzentration ist außerhalb von mir planen, kontrollieren....
Zeit ist unwichtig/ Zeitlosigkeit	Zeit ist Taktgeber
Verhalten: Gefühle kommen und gehen, sich erleben, Erinnerungen pflegen Beziehung auf einer geistigen Ebene neu gestalten	*Verhalten*: rationalisieren, erklären.... sich zusammenreißen", Erinnerungen zurückdrängen Beziehung „vergessen"
Verhalten der Umgebung: Zuhören, sich einfühlen	*Verhalten der Umgebung:* Ratschläge, führen

Trauernden zu begegnen und ihnen zu antworten (statt in die hilflose Sprachlosigkeit, das erdrückende Schweigen zu gehen, wie viele Trauernde es immer wieder äußern) gelingt dann aus sich heraus, wenn der Begegnende sich im Kontakt mit der eigenen Trauer halten kann. Dann kann sozusagen „leichten Herzens" geantwortet werden, weil Resonanz entsteht.

Oder in den Worten von Hermann Hesse ausgedrückt:

Meine Aufgabe ist es nicht,
das objektiv Beste zu geben,
sondern das Meine so rein
und so aufrichtig wie möglich.

MENSCH im Dazwischen
Zwischen Himmel und Erde
Seinen Platz suchend

5. Übergängliches Denken

Eine kurze Geschichte des SEINs

Es war einmal ein SEIN.
Ewigkeit zu sein, war sein Zustand.
Innerlichkeit zu sein, war sein Ausdruck.
Nirgends und überall zu sein, war seine Dimension.
Neugierig begann sich N zu lösen,
schwebte davon, kam wieder,
war verändert und wirkte zurück.
In dieser Situation ruhte das SEI.

Interessiert begann das I das N auszufragen
Und schwebte irgendwann mit ihm davon.
Die Zeiten der Rückkehr wurden kürzer.
Die Zeit drang in das Bewusstsein des SE
und wirkte hier zurück.

Eigenwilligkeit begann das E zu erfassen
Und schwebte davon,
blieb in der Nähe des N und des I,
nutzte ihre Räume und ihre Erlebnisse,
um sich dann als ein Ich zu formen.
Das S hatte sein EINs-Sein verloren.

Sinn suchte seine verlorenen Glieder und fand sie:
Das N hatte viele Erlebnisse gesammelt,
das I hatte viele Erfahrungen daraus gewonnen,
das E hatte daraus ein gemeinsames ICH geformt
und dem NIE einen Geist gegeben,
der das EIN auf den Kopf gestellt hatte.

Alle drei erschienen irgendwie verloren.
Das S - der Sinn – fehlte ihnen
und ließ sie merkwürdige Dinge tun.
Sie hatten den Kontakt zu ihrem EINs-Sein verloren
und hatten von S nur noch eine Ahnung,
die sie Sehnsucht nannten.

Die Kraft des S aber begann sie neu zu durchfluten
und unter Mühen begann das NIE
sich auf das S neu einzulassen.

So gab das S
der NIE verstandenen Sehnsucht ihre Heimat zurück:
Im SEIN

Dieses Textgedicht stelle ich hier an den Anfang meiner folgenden Ausführungen, weil es auf eine grundlegende Krise in unserem Verständnis von Leben und Dasein hinweisen soll: der Verlust von Einheit/Ganzheit und die Separierung in ein Ich - oft Ego genannt - in einer sogenannten modernen rational aufgeklärten Kultur/Gesellschaft wird vielen Menschen immer schmerzlicher bewusst. Wir brauchen einen neuen Blick: auf unsere Welt, unser Miteinander und auf unsere Art zu denken, wahrzunehmen und zu handeln. Wir brauchen einen tiefer liegenden Wandel in unserem gesamten Dasein als Mensch, inmitten von Leben, das leben will[50].
Wo soll dieser Wandel konkret ansetzen? Bei jedem/jeder von uns!

Aus meiner Erfahrung, die ich in den vorherigen Texten versucht habe darzustellen, sind m.E. zwei Veränderungswege individuell wie gesellschaftlich wichtig:

- zum einen eine **Kommunikationsfähigkeit, die auf Achtsamkeit und Dialog[51] verbunden mit einer vertieften Form des Zuhörens basiert** – siehe hierzu im Kapitel 2.2, v.a. die Ausführungen „Hören als Kernkompetenz über die Ich-Du-Beziehung hinaus".

- Zum Zweiten brauchen wir ein neues Denken und eine Zeit dies zu entwickeln. Ich nenne dies ein

---

[50] i.S. des Zitats von Albert Schweitzer am Anfang des Kap. Einführung

[51] Was die Fähigkeit zum Dialog betrifft, möchte ich an dieser Stelle nur auf zwei der vielfältigen Ansätze neuer Dialogkultur verweisen: auf den Dialog nach David Bohm (https://de.wikipedia.org/wiki/Dialog#Dialog_nach_David_Bohm) sowie aus dem deutschsprachigen Raum auf den Ansatz von Martina und Johannes Hartkemeyer (www.dialogprozess.org)

übergängliches Denkens[52], wo sich das rational-mentale weiter entwickelt hin zu einem integralen Denken[53]. Denn auch das Denken hat menschheitsgeschichtlich unterschiedliche Phasen durchschritten.

Was meint ein übergängliches Denken?

➢ Es ist ein verstehendes Ahnen, dem das denkende Nachvollziehen folgt.

➢ Es ist ein Anknüpfen an andere Qualitäten, sich in der Welt zu bewegen, an Sinneswahrnehmungen, an Empfindungsformen des Körpers wie Schmerz, Lust, Enge, Weite, Weichheit, Härte, Wärme/Kälte, an psychische Erlebensformen wie Gefühle, Verbundenheitserfahrungen, an Intuition, an Sensibilität für Energie(felder), für Ahnungen von innerer Tiefe.

➢ Es ist ein Sich-Bewegen in den Handlungs- und Gestaltungsformen zwischen der „eingreifenden" Strukturierung und dem intellektuell kognitiven Denken einerseits und einer „geschehenlassen-

---

[52] Als mir der Begriff in diesem Zusammenhang in den Sinn kam, habe ich ihn vorsichtshalber mal gegoogelt, um mich nicht mit fremden Federn zu schmücken. Gefunden habe ich ihn in den philosophischen Werken Heideggers. Er steht dort im Zusammenhang mit seinen Schriften zur Begründung der Metaphysik. Ich werde mich nicht auf diese philosophischen Erörterungen beziehen, dazu sind sie mir zu wenig vertraut. Ich habe hier meine Gedanken unabhängig davon entfaltet .
[53] Hierfür steht v.a. der amerikanische Philosoph Ken Wilber mit seinen vielen Publikationen. Stellvertretend eine gut lesbare Einführung durch das Buch: Eine kurze Geschichte des Kosmos, 1997. Vorläufer zum integralen Denken war bereits schon Jean Gebser mit seiner integralen Bewusstseinsmutation als nächste Stufe menschlicher Entwicklung

den" Offenheit, einem Dasein in absichtsloser Präsenz andererseits.

➤ Es meint eine Neuausrichtung auf assoziative, kreative Empfindungs- und Ausdrucksformen wie das Malen, das Vertiefen in die Poesie, das Hineintauschen in das Symbolhafte und seine Formen wie Rituale, Mandalas.
➤ Es meint darüber hinaus das bewusste Aufsuchen von Stille und das Schweigen der gewohnten Wort- und Gedankenaktivität. Gerade dieses so ungewohnte Verhalten – empfunden als Punkt der Ruhe und des Innehaltens – birgt die große Chance in sich für Impulse von einem Ort, der nicht dem eigenen Gedankenraum entspringt. Es befördert die Erfahrung, dass es eine Ein-Wirkung gibt, die das bisher Gekannte und Gedachte übersteigt, dies in neuem Licht erscheinen lässt und eine neue innere Ordnung ausbildet.

Alle diese Elemente werden das gewohnte Denken in eine Übergangsphase bringen, die herausfordernd sein wird, weil an den Grundfesten v.a. unseres Weltbildes und unserer westlichen Vorstellung vom Leben gerüttelt wird. Wir lösen das Zugedeckt-Sein der gerade genannten Formen aus einer Hierarchie, in der sich das mental-rationale Denken an die oberste Stelle gestellt hat.
Dazu bedarf es einer besonderen Aufmerksamkeit auf das Beobachten dessen, was gerade ist: mehr zu schauen, statt nur fokussiert zu sehen, mehr zu lauschen statt reaktionsorientiert zu hören, mehr zu spüren statt Emotionen zu etikettieren, mehr zu schweigen statt unverzüglich wortgewandt zu agieren.

Übergängliches Denken hat mit Krisenerscheinungen zu tun, in denen der gewohnte Boden entzogen oder schwankend wird. Aufrichtigkeit wird zum Anker für das Weitergehen, Vertrauen wird notwendig, sich leiten zu lassen. Das Nicht-(Weiter-)Wissen wird eingestanden. Damit die Verunsicherung nicht zu weiterer Panik führt sondern zu mehr Wachheit für das, was sich gerade ereignet.

In der Begleitung Sterbender und in Trauerprozessen finden wir viele Anknüpfungspunkte und Bestätigungen für diese Art miteinander zu sein. Dieses Miteinander-Sein stärkt den Teil in mir, wo ich als Mensch ein soziales Wesen bin. Das gibt mir den Halt im Außen, den Weg Schritt für Schritt auf die „andere Seite" alleine zu gehen – ob im Sterben oder im Geistigen als Individuum.

Die Wahrheit ist ein pfadloses Land, sagt Krishnamurti[54], eine der großen spirituellen Lehrenden des 20. Jhrdt.

In diesem Sinne haben wir hier etwas neu zu entdecken und einzuüben: in der Art und Weise wie sich Gedanken formen und wie wir es in Worte fassen. Manchmal bleibt da nur dieses innerliche, verstehende Ahnen, was nur „sagen" kann: ach so…., hm…., ja….und es in Worte fassen zu wollen, verflüchtigt das zu sagen Wollende oft schon wieder.

Vielleicht brauchen wir auch eine neue Form der Sprache, des Sprechens und des Schweigens. Im Schweigen zusammen zu sein, Stille (aus)zuhalten und als Inspirationsquelle zu sehen, ist oftmals auch deshalb eine der berührendsten Erfahrungen und nicht nur in der Begleitung Sterbender.

---

[54] https://en.wikipedia.org/wiki/Jiddu_Krishnamurti

Was bleibt noch ....
Dankbar leben

Lesendes Schauen – betrachtendes Verweilen – zu Weite und Zuversicht finden.
So lautete am Anfang meine Einladung.

Was bleibt noch:
Weite und Zuversicht in mir zu verankern, ist – immer noch und – immer wieder neu herausfordernd in meinem alltäglichen Leben. Beides sind keine Zustände, die einmal erreicht, dauerhaft bleiben. Es ist eine Lebenseinstellung, die ein ständiges Balancieren erfordert.

Wie offen und zuversichtlich ich bin, ist oft ein Hinweisgeber für mich, ob ich mich innerlich lebendig fühle oder festhalte, verspanne, mich fixiere auf „so soll es sein/bleiben". Wie bereit ich bin, mich von Identifikationen (mit Ideen, Theorien, Einstellungen, Erwartungen) zu lösen, ist immer wieder neu zu beantworten.

Dieses Lösen verlangt alles anzusehen, was mit diesen Identifikationen zu tun hat. Schmerz, Trauer und Abschied werden auftauchen und Aufmerksamkeit und Annehmen fordern. Auf dieser Basis kann Neues entstehen, das erst einmal nicht „direkt und sofort" erscheinen wird. Dann gilt es diese Lücke, dieses Dazwischen – zwischen dem Alten, was sich gerne hartnäckig im Denken und im Körperbewusstsein hält, und dem noch-nicht-sichtbaren Neuen – anzunehmen und damit eine Zeit „schwanger" zu gehen. Hier schließt sich dann der Kreis zur Zuversicht wieder: das Vertrauen aufzubringen, dass sich Unerwartetes, Unvorhersehbares entwickeln wird.

Was mich auf diesem Weg trägt – einem Weg der inneren Reifung, so kann ich es für mich ausdrücken –, möchte ich in die einfache Aussage fassen: Dankbar leben. D.h. ich übe mich ganz konkret im Alltag darin, innezuhalten und mir zu vergegenwärtigen, wofür ich gerade dankbar bin. Oder ich setze mich bewusst am Abend vor dem Einschlafen hin und stelle mir diese Frage, wofür kann ich heute dankbar sein. Oder ich stehe am Morgen auf mit dem Gedanken der Dankbarkeit, den Tag neu beginnen zu dürfen. [55]

Mein Anliegen war/ist es zu zeigen, dass dieser Weg bei sich selbst beginnt, zuerst ein Wandel im eigenen Inneren stattzufinden hat und dass lebendige Beziehungen, in denen wir ganz da sind, uns darin (unter)stützen. Das Laute, Lärmende, die Beschleunigung, die Erfüllung im Außen durch unterschiedliche Konsumangebote könnten uns dann zunehmend „lästig" werden, wir könnten über das Erahnen vielleicht zu der Gewissheit kommen, dass etwas Anderes in diesem Leben bisher unerfüllt ist.

Darüber hinaus würde ich mich sehr freuen, wenn Sie Inspiration und einige Mußestunden mit diesem Buch

---

[55] Zu dieser Praxis wurde ich vor einiger Zeit durch ein Interview mit dem Benediktinermönch Bruder David Steindl-Rast über „Dankbarkeit ist eine revolutionäre Haltung geführt (https://www.bibliothek-david-steindl-rast.ch/bibliothek/videos/filme/1711-dankbarkeit-ist-eine-revolutionaere-haltung). In einem weltweit umspannenden Netzwerk hat er eine Bewegung initiiert, in dem sich Dankbar-Leben-Gruppen in Dialogen zusammenfinden, um Dankbarkeit als eine Form der Achtsamkeitspraxis im Alltag zu leben. Unter www.dankbar-leben.de ist die deutsche Website, unter www.gratefullness.org ist die internationale Website zu finden.

erfahren haben. Ich hoffe, Ihnen Mut gemacht oder Ihr Interesse geweckt zu haben, sich dem Leben mit Blick auf die Vergänglichkeit auf eine andere Art und Weise als gewohnt zu stellen... und evt. sogar die Neugier auf das Ehrenamt in der Sterbebegleitung geweckt zu haben.

Ich danke Ihnen und wünsche Ihnen einen erfüllenden Lebensweg.

Mögen Sie die Worte von Rainer Maria Rilke Ihnen hierzu eine Unterstützung sein, sich auf dem eigenen Weg zu orientieren und geduldig zu zeigen.[56]

.

---

[56] Rainer Maria Rilke, Briefe an einen jungen Dichter, Juli 1903,

Man muss den Dingen
die eigene, stille ungestörte Entwicklung lassen,
die tief von innen kommt
und durch nichts gedrängt
oder beschleunigt werden kann.
Alles ist austragen und dann gebären.
Reifen wie der Baum, der seine Säfte nicht drängt
und getrost in den Stürmen des Frühlings steht, ohne Angst,
dass dahinter kein Sommer kommen könnte.
Er kommt doch!
...Man muss Geduld haben
mit dem Ungelösten im Herzen
und versuchen, die Fragen selber lieb zu haben,
wie verschlossene Stuben,
und wie Bücher, die in einer sehr fremden Sprache
geschrieben sind.
Es handelt sich darum, alles zu leben.
Wenn man die Fragen lebt, lebt man vielleicht allmählich,
ohne es zu merken, eines fremden Tages
in die Antworten hinein.